お正月からお祭り、七五三、冠婚葬祭まで

日本の
しきたりが
よくわかる本

火田博文

JN131896

彩図社

はじめに

日本人は食事のときに、「いただきます」「ごちそうさま」と言います。その言葉の意味や、語源を知っているでしょうか。節分に豆をまくのはなぜでしょう。お盆の風習は、いつどうやって生まれたのか……。

意外に知らないものなのです。私たちの生活を取り巻く、さまざまなしきたりにどんな意味があるのか。改めて考えてみると「あれ？」と思うことがいくつもあります。

そんなしきたりひとつひとつは、日本の気候風土によってつくられてきたものです。鮮やかに移り変わっていく四季折々の変化をうまく取り入れて暮らすうちに、生活の中でさまざまな決まりごとや習慣ができていきました。

厳しい冬が終わったことをお花見で祝い、夏の暑さに対抗するために祭りをし、秋の収穫に感謝して月見を楽しむ。年末には1年のうちにたまった汚れだけでなく、心の穢（けが）れも落とそうと大掃除をする。

そうやって巡る季節に育まれた日本人は、自分たちを取り巻く自然に感謝をし、敬い、あらゆるものに神が宿ると考えるようになるのです。そこから神社での参拝の作法が生まれたり、出産や子供の成長に合わせて土地の神さまに報告をするようにもなりました。

そんな気持ちが、周囲の人々への敬意や心遣いにもつながっていきます。「おはよう」や「ありがとう」という挨拶は、他者を尊重し、そして祝福する言葉です。敬語も、神さまを敬う言葉が、人に向けられるようになったものです。

日本のしきたりの源は、日本の四季にあるのです。

しきたりとは、自然の恵みによって生きてきた日本人が、その変化に対応しながら、いつしか身につけていた生活習慣、暮らしの柱のようなものといえます。

日本人の背骨といえるかもしれません。

なんとなくこなしていただけの行事やしきたりも、こうした背景を知ってから実践すると、日々がけっこう豊かに感じられるもの。しきたりを知ることは、日本の豊かな気候風土に触れることでもあるのです。きっと生活に彩りを与えてくれるでしょう。

日本のしきたりがよくわかる本　目次

第三章　笑いのお祭り、福を呼ぶ儀式

第一章　四季折々のしきたり

1月のしきたり

お正月のあいさつ

1年のはじめに、日本人は挨拶を交わし合います。

「明けましておめでとうございます！」

新しい年がはじまったことを改めて実感し、今年もいい年であれば、とお互いに語り合うのです。

「明けまして」とは、年が明けた、新年がやってきた、ということを表しています。気分一新、心を入れかえて今年もやっていこうじゃないか。それはとにもかくにも、めでたいことだ……。

毎年なにげなく使っている言葉ですが、そこには大切な意味が隠されています。

めでたい。一説によると「芽出度い」と書くこともあるのだそうです。芽が出ること。

それは命の息吹きであり、**寒い冬の終わりと、新しい春の到来とを示している**のです。

そんな状態を、古代の日本人は「めでたい」と表現し、喜んだのです。

さらにもうひとつ、「めでたい」は「めでる」という意味も持っています。

日本人はその言葉に「愛」という漢字を当てはめ、「愛でる」と読むようになりました。

褒め称え、あるいは祝うこと。

「おめでとう」というその一言には、日本人の心持ちがこれだけ集約されているのです。

そして心のこもった言葉というものはまた、具体的な力を持つことだってあるのです。

それが「言霊」という、これも日本古来の考え方。

いい意味の言葉をつぶやけばいいことが起き、不吉な言葉をささやけば凶事を呼ぶ……そんなことを日本人は信じてきました。だから日々挨拶をして声をかけ合うのです。

だから結婚式のときは、離縁を連想させる言葉を出さないのです。かつて『万葉集』の中で柿本人麻呂は、そんな日本のことを「言霊の国」と表現しました。とりわけ新年の「あけましておめでとう」は、**顔を合わせてそう声をかけ合い、互いに相手の幸運を祈る、**いわば呪文、おまじないでもあるのです。

さらに新年の挨拶は、文字として表し、手紙になって、遠く離れたところにいる大切な相手にも「言霊」を伝えるものになっていきました。年賀状のはじまりです。

この習慣は、奈良時代から平安時代にかけてはじまったと考えられています。その頃、

年始のあいさつをする武士
（『諸国図会年中行事大成』1806年）

挨状についての項目もあります。

「春始御悦向貴方先祝申候訖」つまり、

"春の始めの御悦び、貴方に向かってまず祝い申し候"

これが日本最古の年賀状の文面だそうです。

年賀状が一般層に広まっていったのは江戸時代ではないかといわれています。教育制

新年のお祝い状を出せる人々は、上流階級だけでした。文字の読み書きができて、かつ高級品であった紙を使える層は限られていたからです。

確認されている中で、日本でいちばん古い年賀状といわれているものは、平安時代中期の儒学者である藤原明衡が残しています。彼はさまざまな手紙の文例集を書いていますが、その中に年賀の挨

度の発達によって読み書きや紙が広く普及していったことに加えて、道路インフラの整備が進み、飛脚による郵便制度が発達していったからです。手紙の往来は爆発的に増えましたが、とくに新年の年賀状と、夏の暑中見舞い（中元状）は好まれました。

いまではすっかりおなじみになった、お年玉付き年賀はがきは、1949（昭和24）年に発売になっています。そして2003（平成15）年には、44億枚以上が発行されました。この年をピークに、少子化やインターネットの普及、価値観の多様化などによって、年賀状は年々、減少しています。

それでもきっと、お互いに幸せを願い合いたい、という気持ちの根っこに、変わりはないと思うのです。LINEでもメールでも直接お話するのでも、もちろん年賀状だっていい。1年のはじまりには、愛でて祝う言葉をかけあって、よい年にしたいものです。

1月のしきたり

お正月の「はじめて」

大晦日の夜――。まだ年も明けきらないうちから、日本人は神社やお寺を訪れ、日付が変わるのを待ちます。そして新しい1年を迎えると、その年のはじめての祈りを捧げるのです。初詣です。

「今年も良い年でありますように……」

いまでは、例えば東京の明治神宮が毎年300万人の初詣客を集めているように、初詣はちょっと遠出してみるイベントにもなっていますが、その昔は氏神さま……つまり自分が住んでいる地域の神社で行なっていたそうです。それも**家長が、大晦日から元旦にかけて神社にこもって、家族の1年の平穏を祈った**のです。これを**「年籠り」**と呼んでいました。

この習慣はやがて**「恵方参り」**も取り込んでいきます。中国の陰陽道の考え方で、そ

の年でいちばん縁起がいいとされる方角を「恵方」というのですが、この考えが日本にも入ってきました。自分の家から見て恵方の向きにある神社に、初詣をするようにもなっていったのです。

やがて江戸時代に入ると、現在のような初詣の姿が形づくられていきます。交通網の発達や、戦国時代が終わって平和になったこともあって、各地の有名な寺社に、観光がてらお参りすることが定着していったのです。

「その年はじめて」にこだわって、少しでもいい1年の出発にしよう、という日本人の心がけ。それは初詣だけではありません。その年の最初の夜、いったいどんな夢を見るのか……。「初夢」にもまた、占いのように願いを込めたのです。

初夢は一般的に、1年で最初に見る夢とされます。日付にはいろいろな説があります**が、元旦か1月2日の夜に見る夢のこと**といわれているようです。その夢の中で出てきてほしいものといえば、やっぱり「富士山」「鷹」「ナス」ではないでしょうか。日本一の山である富士山のように、大きく伸び上がっていけるように（また富士＝無事、にかけているという説もあります）。鷹のように空高く舞い、出世できるように、そしてナスは「ものごとを成す」に通じています。仕事や大切なことをやり遂げる、財を成す、吉兆であるといわれています。

江戸後期に描かれた宝船の絵（『守貞謾稿』巻26）
「なかきよの……」の歌が余白につづられている

どれもだじゃれのような遊び心の中に、日本人は新しい1年への願かけをしたのです。「一富士、二鷹、三なすび」と、ことわざにもなったこれら初夢3大キャストは、いずれも徳川家康が好み、江戸時代に広まっていったといわれますが、それ以前にも**日本人は「いかにしていい初夢を見るか」ということに苦心してきました。**

宝船や七福神の絵を枕の下にしのばせるのが定番でしょうか。この絵に「長き夜の　遠の眠りの　みな目覚め　波乗り船の　音の良きかな（なかきよの　とおのねむりの　みなめざめ　なみのりふねの　おとのよきかな）」という和歌を添えると、さらに夢見がいいといわれました。

この和歌は頭から読んでも逆から読んでも同じ音を結ぶ「回文」です。室町時代につくられたといわれています。

富士山の絵を部屋に飾ったり、結婚式などの衣装にも使われる吉祥文様をあしらった布団で眠るなど、日本人はあの手この手で初夢に賭けたのです。

また、せめて縁起の悪い夢を見ないですむようにと「獏」の絵を枕の下に敷くことも流行しました。獏とは人の夢を食べるという伝説の動物。悪夢を食べてくれると思われたのです。

そうやって臨んだ1年最初の夢。きっといいもののはず。いや、内容よりも、初詣をして、初日の出を仰ぎ、先祖を思って、いい1年であるように準備をした……その心がけが大事なように思うのです。どんな夢でも良い方向に、そして都合良く（？）解釈できる前向きさ、ポジティブさこそが、年の初めには大切なのです。

初笑い

初詣や初夢と同様に、日本人が大事にしてきたもの……それが「笑い」ではないでしょうか。いまでもお正月になると、テレビはいくつもの「初笑い」番組であふれます。世相や社会の動きがどうであれ、お正月くらいは笑おうじゃないか、という日本人の気持ちが表れているようです。

この「初笑い」を、神事にまで高めた行事が、三重県志摩市の恵比寿神社で毎年1月20日に行われています。**鼻かけえびす**という、鼻先の欠けた恵比寿さまを囲んで、南の海と浜とに向かって3回、バンザイしながら思いっきり笑うのです。恵比寿は福の神であり、漁業の神さま。この**初笑い神事は、1年の幸せと、豊漁とを願うもの**なのです。その昔、このあたりに流れ着いてきた恵比寿さまを祀ったことがはじまりだといわれています。

志摩市の恵比寿神社にある「鼻かけえびす像」。
鼻先が欠けている（画像引用：志摩市観光協会）

ちなみに恵比寿さまの鼻が欠けているのは、漁の成功と安全のための「お守り」として猟師たちが少しずつ削り取っていったから。

和歌山県日高郡の丹生神社でも、初笑い神事が行われます。江戸時代から続くこのお祭りは、神話がもとになっています。神さまの寄り合いに遅れてしまい、がっくり落ち込んでしまった氏神さま（丹生都姫命）を笑いで慰め、励ましたのです。ピエロのような「笑い男」が「笑え、笑え」と街を歩き、みんなで笑い転げるこの神事、10月が本祭ですが、お正月にも行われるようになりました（→P97）。

まさしく「笑う門には福来る」。人生いろいろありますが、ともかく新年は笑って過ごしたいものです。

お正月に食べるもの

お正月の食べものといえば、まず思い浮かぶものが、**おせち料理**ではないでしょうか。

お重に詰められた縁起物には、1年の幸せを祈る気持ちが込められています。色とりどりのおせちに、お正月気分がいっそう盛り上がるというものです。

食生活の多様化によって、いまでは手の込んだ豪華なものを食べる機会は少しずつ減っているかもしれません。それでも、ちょっとしたおせち料理をつくったり、買ってきたりするのはお正月の楽しみ。

このおせち、その昔は**「御節供」**と呼ばれていたそうです。「節」とは、節会のことで、季節の節目に家族や親戚で集まって催す会です。そのルーツは、宮中で天皇のもとで開かれた宴会にあり、節句とも呼ばれます。端午の節句（→P34）、重陽の節句などいまでも大事にされている節句はありますが、お正月もそのひとつなのです。

そんな節句のときに、神さまに供えた料理……それが「節供」です。これに敬語をつくる「御」がついて「御節供」となり、やがて略されていって、「おせち」になりました。だから本来、四季折々の節句で出されるお供えものは、すべておせちなのです。しかし節会の中でもとくに重要視されたお正月の料理を、おせちと呼ぶようになっていきました。

この神さまとは「歳神さま」のこと。お正月にやってくるという存在で、地方によって言い伝えはさまざまですが、一般的には「ご先祖さま」であるといわれています。おせち料理とは、自分の先祖に対して捧げるものなのです。

そして、おせちのほかに、ご先祖さまにお供えするお正月の食べものが、**お餅**です。

いまでもお正月にはみかんの乗った鏡餅を飾る習慣がありますが、**これには歳神さまが乗り移っている**といわれているのです。お正月に家を訪れた歳神さまは、門松に宿ると

されますが、鏡餅も同様。そしてお正月の間、家族を見守ってくれるのだとか。

お餅は日本人にとって特別な食べもの。なぜなら、お米が集まってくれるからです。

お米によって身体をつくり、生活を紡いできました。だから古代の日本人は、すぐれた主食でありエネルギー源であるお米を弥生時代以降、稲作とともに生きてきた日本人は、お米を一粒一粒、大切神聖なものと考え、稲には神聖な力があると信じてきたのです。

一般的な形式の鏡餅。
ここに歳神さまが宿ると考えられている

にして、毎日ありがたくいただき、日本人は暮らしてきました。

そうしてお米を食べ続けながら、連綿と続いてきた日本人の先祖の魂が、鏡餅には宿っているのです。だから鏡餅は、心臓をイメージする丸餅なのだとか。

1月11日の鏡開きの日には（15日という地方もある）、鏡餅を割って、家族みんなでいただきます。この行為は、ご先祖さまから命のバトンを受け取ることにほかなりません。お餅に宿った魂を、自分の身体に取り入れて、1年をがんばる力に変えるのです。

こんないわれがあることから、お餅を家族で食べることを「御魂分け」ともいいました。そしてお餅は、歳神さまの魂なので

「**歳魂**」と呼ぶこともありました。お父さんが家族にお餅を、歳魂を分け与える……そう、これこそが「お年玉」の起源でもあるのです。**かつてお年玉はお金ではなく、お餅だったのです。**いまでもお正月には、子どもたちに丸餅を配る地方がありますが、これは昔の名残りといわれています。

鏡開きの日だけでなく、お正月全般に食べられるようになったお餅。そしておせち料理。どちらも古くから受け継いできた、日本人ならではの食べものなのです。ご先祖さまに新しい年を迎えられる感謝をして、いただきましょう。

節分

2月のしきたり

「鬼は外、福は内！」

豆をまいて、鬼を退治する節分の日。いまでは2月の大きなイベントとして行われていますが、**もともと節分とは、その名前の通り季節の分かれ目。**だから立春、立夏、立秋、立冬と、四季に合わせて年4回、それぞれの前日が節分として定められていたのです。

それがいまでは、立春の前日だけを節分と呼ぶようになっています。

というのも、旧暦では立春の頃に新年を迎えるものでした。春夏秋冬の中でも新しい年を迎える立春は次第に重要視されるようになります。そしていつしか、節分といえば立春を指すようになって、いまに至っているといわれています。

つまり節分は新年でもあるのだから、前の1年間の厄を落とすことがなによりも大切。

そして新しい年は、病気や心配事も不幸もなく、楽しく暮らしたい。だから、悪いこと・

ものの集まりである「鬼」をやっつけるのです。鬼とは伝説のモンスターなどではなく、人の世に降りかかる災いの象徴。これを追い払って、1年の幸せを祈る……それが節分なのです。

また季節の変わり目というのは、いまも同様ですが、体調を崩しやすい時期です。気温や天気も不安定で、風邪をひく人も多くなります。だから節分という行事でもって、人々に注意を促す意味もあったでしょう。現代の節分でも、そのことを思い出して、体調管理をしっかり心がけたいものです。

鬼を追い払うという節分の行事は、平安時代から続いています。中国から伝わった「追儺」や「鬼遣らい」という儀式がもとになっているそうです。弓矢やたいまつで、鬼の面をかぶった人を追い立てるというものでした。

追儺は平安時代の女流文学である『蜻蛉日記』にも登場します。書き手である藤原道綱母は「人は童、大人ともいはず『儺やらふ儺やらふ』とさわぎののしるを、我のみのどかにて見聞けば……」と記しています。大人も子どもも、みんなで声を上げて鬼を追っている様子が伝わってきます。「儺やらふ」とは、いまでいう「鬼は外！」の掛け声なのかもしれません。

こうして鬼を、厄を祓う儀式として親しまれてきた節分ですが、室町時代あたりか

現代の節分に欠かせないアイテムとなった福豆

ら様子が変わってきます。豆をまくように
なっていくのです。

　豆、大豆は、日本人の生活になくてはな
らないもの。醤油、味噌、納豆、豆腐……
私たちの食事には、大豆からつくられるも
のが実にたくさんあります。大豆なくして
は、日本人の食卓は成り立たないとさえい
えるでしょう。

　そんな大豆は、お米をはじめとして、麦、
あわ、ひえとともに「五穀」と呼ばれ、大
切にされてきました。農作物が豊かに実る
ことを「五穀豊穣」といいますが、大豆は
その象徴。だから神聖な力を持つと思われ
てきたのです。

　**そんな豆には「魔滅」という漢字が当て
られることもありました。**魔を滅する力、

鬼を退治する力があると信じて、人々は豆をまいたのです。

こうしていまの節分の原型がつくられていきました。豆をまいて、恐ろしい鬼に、病気や災いに対抗するのです。

そんな鬼も時代が進むと、豆のほかにも苦手なものが増えていきました。焼いたイワシの臭いと、ヒイラギの葉のトゲです。このふたつがセットになった「柊鰯」を、節分の日は魔除けとして玄関に飾るしきたりもあります。節分が近づくと、街では大豆とともに柊鰯も売りだします。こうして昔の人々は、楽しみながらも季節の変わり目に体調を崩さないよう、気を配ったのです。

私たちも豆をまくだけではなく「鬼」が近づかないよう生活を見直して、心身をケアする日として、節分を迎えたいものです。

3月のしきたり
ひな祭り

ひな人形を飾って、娘の健やかな成長と幸せを祈るひな祭り。その昔は「ひな人形が幸福をもたらしてくれる」のではなく**「ひな人形が不幸を持ち去ってくれる」と考えられていました。** 人間の姿をかたどった人形とは、人そのものを映しとったものでした。

だから、紙や土で作った人形をさすったり、息を吹きかけたりすると、自分の中の「災い」や「穢れ」を人形にうつすことができるのです。太古のひな祭りは、そんな人形たちを川や海に流して、厄祓いとする儀式でした。こうすれば、娘が災厄から逃れることができる。**身代わり……それがひな人形のルーツなのです。** ひな人形は娘の不幸を背負って、流れていってくれる存在だったのです。

なんとも悲しい風習ですが、やがて平安時代の頃から様子が変わってきます。呪術的な存在だった人形たちが、工芸の発達によっていきいきと輝きだしたのです。趣向を凝

江戸時代の「ひいなあそび」
（『日本歳時記』7巻3 貝原好古編／1688年）

らした、たくさんの人形がつくられるようになりました。貴族の家庭の女の子たちの間では、お人形遊び（雛遊びとも呼ばれた）が大流行。やがて**室町時代には親しい家の間で3月3日にひな人形を贈りあう習慣が根づいていきます**が、手の込んだ立派な人形を、そうそう流すわけにもいきません。3月3日の夜に娘の枕元にひな人形を飾っておくと、1年間の穢れを吸い取ってもらえると考えられたのですが、その後はお祓いをして、流さずにしまっておくようになりました。

江戸時代に入るとひな人形はどんどん豪華になり、上流階級の間ではひな壇も飾られるように。そして庶民にも浸透した現在では立派な縁起物となっていますが、娘の幸せを祈る気持ちがお雛さまの中にあることは、昔と変わりません。

お花見

いまや春の一大イベントとなった感のあるお花見。桜はほんのわずかな期間だけ、あたりの景色をがらりと変えるほどに咲き誇って、すぐに散っていく。はかない季節の一端をとらえようと、桜の木の下に日本人は集うのですが、この宴は1000年以上もの昔から行われてきたのではないか、ともいわれています。

奈良時代のことです。元明天皇の命によって、日本各地の地理や風習、産物などが詳しく調査されました。その報告書ともいえる書物が『風土記』です。地域によってたくさんの『風土記』がまとめられましたが、写本が現存している『常陸国風土記』や『播磨国風土記』、『出雲国風土記』には、お花見らしき記述が残されているのです。春になり、花の咲く頃に山に登り、お酒と食事を楽しんだ……という内容です。日本各地の山に原生していた山桜を愛で、宴を開いていたと思われます。

桜が咲くのは、ちょうど農作がはじまる頃。つらかった冬が終わり、春になって生命が芽吹く季節です。そんな時期に一瞬だけ萌える桃の色に、古代の日本人は目をとめ、実りの象徴を見たのでしょう。

このお花見のときに、人々は桜の枝を折って里に持ち帰り、家や田畑に飾ったといいます。**山の恵みを、里へ、農作物へと伝えて、豊作を祈る。**この切実な気持ちこそが、お花見の根底にあるものなのかもしれません。

その後、中国文化が伝来してきた影響もあって、桜だけでなく「梅見」をすることも流行します（→P210）。桜よりも早く、雪が降りしきる中で咲くことすらある梅は、強さや生命力を表すものとして好かれたのです。

いまのようなお花見の形になったのは江戸時代だといわれます。幕府は公園や河川敷などを整備して、各地に桜を植樹しました。山に行かなくても、お花見ができるようになったのです。上野公園や隅田川などの有名なお花見スポットも、このときにつくられています。

例年のお花見に、ほんのひととき、昔の日本人の豊作への祈りに思いを馳せてみる。桜を見上げながら、少しだけ違う色彩が添えられるのではないでしょうか。

端午の節句 ——たんごのせっく

5月5日は子どもの日。鯉のぼりを立て、鎧兜を飾って男の子の成長を祈るのですが、この日は「端午の節句」ともいわれます。

この端午の「端」とは、ものごとのはじめという意味を持つ言葉。そして「午」とは干支でいう午の日のこと。端午とはもともと、その月はじめての午の日を指していました。ですがやがて、「午」が「五」とも読めることから、「五」が引き合いに出され、5月5日が端午の節句として定着していったといわれます。

ここに、中国から伝わってきた考え方が合流していくのです。中国ではこの時期、心身に不調をきたしやすく、災いに見舞われやすいとされてきました。また雨の季節を前にして、衛生状態が悪化することもあったはず。だから人々は、山に出かけて薬草を採り、それでお茶を煎じたりお酒をつくったりして飲んでいたといいます。

そのひとつが、**菖蒲**です。香りが高く虫や蛇をよせつけないところに古代人は注目し、菖蒲で災いに対抗しようとしたのです。また、厄を祓う力があるといわれるヨモギを束ねて、玄関口に飾ったりもしました。実際、ヨモギに含まれるフラボノイドという成分には、強い抗菌作用があることが実証されています。

端午の節句に薬草でお清めをするようになった

のです。『枕草子』の中で、かの清少納言も、薫風(くんぷう)のころに菖蒲が香る様子を書き記しています。この風習は、やがて庶民にも広まっていきました。菖蒲をお酒にしたり、枕に詰めて眠ったり、あるいは束にしてあちこちを叩いたり……邪気を祓ってくれるよう にと人々は願ったのです。菖蒲もまた、殺菌作用のほか、血行を促進したり身体を温めてくれる効果があり、いまでは定番の天然ハーブとなっています。

この風習が日本の宮中にやってきます。

躍する世にあって、菖蒲は**尚武**(しょうぶ)、**つまり「武芸の道に励むこと」にかけられた**のです。

この菖蒲がさらに大きくクローズアップされるようになったのは室町時代。武士が活言葉遊びのようにも思えますが、日本は「言霊」の国でもあります。言葉をある言葉とかけて、意味を重ね、強めていくことが好まれてきました。武士たちは息子がたくましく成長し、尚武するようにと菖蒲に祈り、いつしかこの日は男の子の節句となっていったのです。

端午の節句を祝う、江戸後期の町並み。鎧兜を眺める子どもたちや、
空にはためく鯉のぼり、柏餅を落としてしまった男性などが描かれている
（『江戸歳事記 4巻 付録1巻 夏』1838年）

　鎧兜を飾る風習も、このときにで
きました。また鎧兜を着た男の子を
模した五月人形も人気に。武者姿の
ほか、桃太郎や金太郎など物語の主
人公も好まれました。

　そして5月の空にはためく鯉のぼ
りも、中国に由来があります。中国
文明を育んだ黄河の、はるか上流。
そこには竜門と名づけられた急流が
あったといいます。どんな魚をもは
ねつけるその荒々しい流れに、とあ
る鯉が挑み、見事にこれを乗り越え
るのです。すると鯉は竜へとその姿
を変え、天に駆け上っていく……5
世紀に成立した歴史書、『後漢書』の
一節「登竜門伝説」です。この逸話

から、**鯉は男の子の出世のシンボルとされ、日本にも伝わり、尚武の象徴として端午の節句に飾られるようになっていきました。**江戸時代に広まった風習といわれています。

それ以前は戦国の世を映し出すように、軍旗や、武者が背負っていた自軍の幟を飾っていました。

また江戸時代には、湯屋（銭湯）の普及に伴って、端午の節句に菖蒲湯に浸かる習慣も根付いていきました。いまでも5月5日の前後に銭湯へ行くと、菖蒲湯を楽しめます。

のぞいてみてはどうでしょう。疲労回復やリラックス効果、血行促進、冷え性や神経痛などに効能があります。遠い昔から受け継がれてきた菖蒲の力で、きっと季節の病も撃退できるはず。

6月のしきたり

衣替え

すっかり気温も上がり、梅雨も近くなって、汗ばむ6月。

この季節になると、街の景色はがらりと一変します。誰もが重たい冬服を脱ぎ、明るい色合いで軽やかな夏服に装いを変えるからです。

とりわけ学生たちの制服は、上着がなくなり、袖も短く、白を基調としたもの。いかにもさわやかな夏をイメージさせて、気持ちも浮き立ってきます。企業の制服も、やはりこの時期に涼しげなものに変わっていきます。

これが「衣替え」。夏のはじまりを告げる風物詩といえるでしょう。またひとつ、季節が移り変わっていったことを、服の明るさが教えてくれるのです。

「制服を着替える」というイメージからか、衣替えは近代になってはじまった習慣だと思われることもあるのですが、**実は1000年ほど続いているのです**。それも、宮中の

大切な儀式として、長年ずっと受け継がれてきました。ちょっとした日常生活のトピックくらいに思っている人が多いのですが、衣替えはれっきとした日本の伝統行事なのです。

起こりは平安時代だといわれています。その時代、宮中ではおよそ半年ごとに、まとう服を変え、さらにいつもより念入りに掃除をして、気持ちを入れ替える習慣があったのです。

これを「**更衣**」と呼んでいました。いまでも通じる言葉です。夏と冬、1年のうちに2度、更衣は行われていました。平安の昔は、着替えるほどたくさんの服を持っていた層は限られていたため、宮中の人々など貴族だけのものだったようです。

更衣の目的は、季節によって服を変えていき、暑さ寒さに対応していくことがひとつ。

そしてなにより、

穢れを祓うこと。

厄や災いを呼ぶものとされる穢れは、だんだんと家や心身にたまっていくものと思われていました。だからときには、一気に祓う必要があるのです。更衣とは、宮中から「負」を一掃するイベントであり、神事でもあったのです。

これは、現代にも通じるものです。

穢れや厄という概念は、いまの時代なかなか見えにくくなっているかもしれませんが、

衣替えの季節に神社で行われる「夏越の祓」は、茅の輪をくぐることで半年間の穢れを祓う意味がある（©663highland）

病気を招くものとして考えるとわかりやすいでしょう。

たとえば、ほこりやダニ、ペットや家族の毛くずといったハウスダスト。カビや細菌。これらは少しずつ、家の中に積もっていくものです。そして鼻炎や喘息の原因になったり、アレルギーを引き起こすともいわれています。

これこそ現代の厄。ふだんは掃除をしない奥まった場所も、衣替えの時期を見計らって、きれいにしてはどうでしょうか。部屋のすみずみまで手を入れて、冬モノの服や布団も洗濯をして夏空に干し、厄を浄化するのです。

衣替えとは、単に服装を改めるだけのものではありません。

半年間の汚れをさっ

ぱりさせて、**健康を維持するための、大事な行事なのです。** そしてさらに半年後、今度は冬場に行われる厄祓いが、年末の大掃除です。

平安時代にはじまった衣替えは、鎌倉時代になると服だけでなく、扇などふだんから持ち歩いているアイテムも変えることが流行しました。これが江戸時代になると、春夏秋冬1年4回の衣替えが、武家には義務づけられたといいます。更衣を通じて消費を活性化させる意味もあったようです。

季節ごとの行事を、流行や消費活動に結びつけ、大きなイベントにしていくたくましさ。日本人の商魂は、昔から変わらないようです。

8月のしきたり

お盆

ご先祖さまが帰ってくる日とされるお盆。これは仏教の **「盂蘭盆会」** という儀式がもとになっています。さらにさかのぼると、仏教発祥の地インドで古代に話されていたサンスクリット語の「ウランバナ」に当たり、霊魂を意味しているのだとか。大陸を越えて、遠い過去から伝わってきた言葉の一端を、いまの日本人も使っているのです。

「盂蘭盆会」とは『盂蘭盆経』という説話に由来があります。お釈迦さまの弟子である目連(もくれん)が、亡くなってしまった母親がどうしているのか気になって神通力を使って見てみたところ、地獄で苦しんでいる姿が飛び込んでくるのです。驚いた目連はお釈迦さまに相談をします。すると **「7月15日に先祖を供養するために、僧たちにお供えをすれば、母は救われるだろう」** とのお答え。言われたとおりにしてみると、母は無事に成仏し、あの世へ行った……。

いまよりもずっと血縁による結びつきが強く、先祖とのつながりを意識していた時代、人々はこんなエピソードを大切にしました。そして7月15日にご先祖さまのご供養をするようになったのです。

日本に仏教が入ってきたのは飛鳥時代の538年もしくは552年といわれています。盂蘭盆会の教えも伝わってきます。仏教以前にも日本ではこの時期に祖先を祀る習慣がありましたが、両者が結びついていきます。そして606年の推古天皇の時代には、日本でも盂蘭盆会が行われたとされています。その後8月15日へと日付は変わっていきましたが、およそ1500年にわたって日本人はお盆を行い続けているのです。

お盆は8月13日の初日、迎え盆からはじまります。先祖の仏壇の前に、**精霊棚（盆棚）**をつくってお供えをします。位牌をこちらに移し、お線香や花、ロウソクなどで飾りつけ、水や果物、野菜なども供えます。そうめんや落雁、団子、おはぎなど、地方や宗派によってお供えものはさまざまです。こうして先祖の帰ってくる場所をつくるのです。

スーパーマーケットでもお盆を前にするとお供えコーナーがつくられますが、その中にナスやキュウリでできた馬のようなものを見て「？」と思ったことのある人もいるかもしれません。これは**「精霊馬」**といって、ご先祖さまがあの世とこの世を行き来する乗り物なのです。行きはキュウリの馬ではやく家に戻ってきてもらい、帰りはナスの

キュウリやナスで作られた精霊馬　（©Katorisi）

牛でゆっくりと……そんな思いが込められているといいます。

そして先祖への目印となる迎え火を玄関口や近所で焚いて、お盆の当日を迎えます。お墓参りをしたり、家族親戚が久しぶりに顔を合わせたりと、自分のルーツを確認する日でもあります。

この習慣を日本人は大事にしてきました。だから例えば江戸時代、商家などで住み込みで働く丁稚奉公の人々も、正月と、このお盆だけは休みがもらえて、故郷に帰ることができたのです。

これは「藪入り」とも呼ばれました。「盆と正月が一緒に来たよう」ということわざもありますが、年に2度の帰郷がいかに楽しみだったかを表している言

葉なのです。

　盆の終わりにご先祖さまは、あの世へと帰っていきます。それを送り火で見送っていくのです。大文字で知られる「京都五山送り火」が有名でしょう。また灯籠を川や海に流して送り火とする地域もあり、幻想的です。

　自分がいまどうして生きていられるのか、存在しているのかといえば、当たり前ですが両親がいたから。先祖がいたからです。1年に一度、ちょっと立ち止まってみて、はるかな命のつながりに思いを馳せてみる……お盆はそんな機会でもあるのです。

8月のしきたり

夏祭り

　1年中、いつでもどこかでなにかしらお祭りが行われている日本ですが、夏場がやはり多いのではないでしょうか。

　春には農作業のはじまりに豊作を祈願し、秋には収穫を祝うお祭りが日本各地で行われますが、それよりもさらに、お祭りといえば夏のイメージ。花火、神社の境内、金魚すくいや焼きそばやトウモロコシなどの屋台、浴衣、祭囃子……やっぱり夏の夕暮れや夜にはお祭りがよく似合います。

　夏祭りはお盆（→P42）がもとになって生まれたものもたくさんあります。しかしお盆のしきたりのベースになっている仏教の考えが日本に入ってくる前から、夏にはお祭りが行われていました。なぜならば、単純に暑いから。鮮やかな四季の変化が日本列島の特徴のひとつですが、夏の蒸し暑さは身体にこたえるもの。社会全体の活動が鈍るの

です。2月と8月は「二八枯れ」といって商売の売り上げも下がるといわれますが、とくに夏場は落ち込むのです。

そこで**景気づけにお祭りをして地域を盛り上げ、消費を促進し、暑さを吹き飛ばそうじゃないか……**そんな発想から夏祭りをするようになっていったのです。日本人はなんでも祝祭に結びつけてしまう人々なのでしょう。ここにお盆が加わって、夏は列島あげてのお祭りシーズンとなっていきました。

そしていまと違って昔は、夏場は注意を要する季節でもありました。厳しい暑さと湿気で病気がはやり、また洪水や大雨などで水の事故も増えます。医療が発達し、エアコンが普及して河川の整備が進んだ現代でも、熱中症の被害や水害は絶えないのですから、昔はどれだけの不幸があったのでしょうか。**そんな悲しみを整理し、区切りをつけるためにも、人々はお祭りを必要としました。**かの隅田川花火大会は、大流行したコレラの被害者を慰めるためにはじまったといいます。

夏祭りには、暑気払い、地域の活性化という意味に加えて、先祖や、もう帰ってこない人々への気持ちが込められているのです。華やかなだけでなく、どこか切なさを伴っているから、日本人は夏の一瞬を愛おしく思うのではないでしょうか。

9月のしきたり

お月見

1年のうちで月がいちばんきれいに大きく、表情までもあざやかに見える夜……それが十五夜です。

旧暦8月15日の頃、月は満月かそれに近いくらいまん丸くなります。また北半球から眺めた場合、位置が高すぎず低すぎず、軽く見上げた先の、ちょうどよい目線の先に上るのです。現在の暦では、9月から10月はじめになります。

その見事な白い輝きを、日本人は愛してきました。十五夜を「中秋の名月」とも呼び、夜空でひときわ存在感を見せる月の下、宴を開く習慣は平安時代に定着したといいます。

稀代の俳人・松尾芭蕉は「名月や　池をめぐりて　夜もすがら」と詠んでいますが、これは俳句仲間たちと催したお月見の会で詠んだものだとか。池に映し出された十五夜の月が、芭蕉の胸を打ったといいます。

「中秋」とは旧暦8月のこと。旧暦では7〜9月が秋とされますが、8月はその真ん中

ススキや団子を用いたお月見飾り

だから、中秋と呼びました。しかしそんな概念もない太古から、日本人はこの時期の月を特別なものと見てきたのです。それは**農作物が実る季節**だからです。まだ寒さの残る春から田畑と格闘し、夏の厳しい暑さや大雨を乗り越え、やっとお米や野菜を収穫できる。これでまた冬に立ち向かい、生きていくことができる……少しホッとして夜空を見上げてみれば、そこには近しく大きな月が浮かんでいる。**人々は作業の手を休め、しばし月と実りに感謝を捧げました。**これこそお月見の起源なのです。

このときに飾るススキには、月の神が宿って豊作や子孫繁栄を見守ってくれるといいます。また、実りの象徴である稲穂の代わりでもあるのです。

11月のしきたり
新嘗祭
—にいなめさい

秋は実りの季節。お米をはじめとした穀物や野菜、果物、たくさんの収穫物が街や食卓を彩ります。夏の間の苦労がまさに実を結んだことに喜び、人はお祝いの宴を開いてきました。それは世界中で広く行われています。有名なところでいえば英語圏のハロウィンでしょうか。ドイツのオクトーバーフェストも、日本でも知られるようになってきました。

こうした「収穫祭」は、人類が狩猟採集生活から農耕生活に移った、遠い遠い過去からずっと続いているものです。日本ではこれといった大きなお祭りがないように思いますが、実は「勤労感謝の日」が収穫祭に当たるのです。**本来は「勤労」ではなく「収穫」に感謝するもの**で、戦前は「新嘗祭」と呼ばれていました。

新嘗とは、もともと「新嘗」（にひあへ）と読み、その年に収穫された穀物のことを意味しました。

この穀物を、**天皇が神に捧げる儀式**こそ、新嘗祭なのです。飛鳥時代の7世紀頃から、宮中で行われてきたといわれ、いまでも皇居で続いています。毎年11月23日、天皇陛下は古式ゆかしく神聖な白装束に身を包み、祝詞が奏上される中、宮中三殿のひとつ神嘉殿に新穀を捧げるのです。そして、自らその新穀を召し上がります。古代から続くこうした儀式が、現代の皇居の中でも行われているのです。ちなみにこのときに使われる新穀は、日本各地から特別に選ばれたものなのだとか。

この11月23日には、日本全国の神社でも、新嘗祭が行われます。近所の神社に行ってみましょう。事前に何時からどういった儀式があるのか、式次第が社務所やホームページに掲載されることもあります。当日はいつもの境内とは違い、お供えものがあったり飾りつけられていたりと、ささやかながらお祭りらしさに彩られています。

地域の神社の新嘗祭は、基本的に誰でも参加できます。 拝殿などの中に招かれて、見事に正装した神職による祝詞を聞き、参加者もひとりずつ収穫に感謝する意味で玉串を捧げます。神社によっては、儀式の最後にお供えものの新米をわけてくれることもあります。ご厚意ですのでありがたくいただきましょう。そのお米を炊いて口にしてみれば、きっと古来の収穫祭の意味をかみしめられるはずです。

日本のしきたりがよくわかる本　52

11月のしきたり

酉の市
——とりのいち

酉の市とは、**11月にめぐってくる酉の日に開かれる盛大なお祭り**で、舞台となるのは日本全国にある鷲神社。大鳥神社、大鷲神社という字をあてるところもあります。その本社は大阪府堺市にある大鳥大社で、祀られている神さまは日本武尊です。この神話のヒーローが病に倒れて命を失ったとき、お墓から魂が白鳥となって大空高く飛び立ったといいます。白鳥は現在の奈良県御所市と、大阪府羽曳野市で翼を休めたのちに、最後に堺市のあたりにやってきて天へと還っていくのですが、これを祀るために同地に大鳥大社が建てられたという伝説が残されています。ちなみに御所市と羽曳野市には白鳥陵という古墳があります。

日本武尊は東方の蛮族を討伐するために遠征をしたことでも知られていますが、これが見事な勝ち戦となります。その戦勝を祝った地が、現在の東京都足立区花畑のあたり。

酉の市の熊手（©Banzai Hiroaki）

その日が酉の日だったことから、花畑にある大鷲神社で酉の市がはじまったとされています。農村で行われていた収穫祭とも混じりあい、だんだんと大きなお祭りになっていったようです。

その農村で日常的に使われていた農具のひとつが**熊手**です。お祭りには市がつきものですが、日常生活に欠かせない農具を売る店もたくさん軒を並べていました。落ち葉などをかき集めるこの**熊手がいつしか、「福や運をかきこんでくれる」として、縁起物になっていった**のです。いまではすっかり酉の市のシンボルとなっており、おかめや鯛などが派手にデコレーションされた縁起熊手が売られます。鷲神社が客商売にご利益があるとされることから、商売人にとりわけ人気です。

冬至

12月のしきたり

1年のうちで、いちばん昼間が短い日……それが冬至です。北半球では太陽が真南に来る「南中高度」がもっとも低くなる日で、だいたい12月22日頃にめぐってきます。

冬の寒さも心身に堪える時期の、さらに太陽が顔を出している時間が短くなるこの日、**人間の生命力もまた弱くなると考えられていました。**そこで体力をつけるため、寒さに対抗するために、さまざまな風習が生まれたのです。

その代表ともいえるのが**柚子湯**でしょう。柚子を浮かべたお風呂に入ると風邪をひかずに過ごせるといいます。実際、柚子は血行を促進させて身体を温め、風邪の予防や冷え性、神経痛などに効果があるのです。豊富に含まれるビタミンCは、ひびやあかぎれなど肌荒れにも効き目があるので、乾燥した冬場にはぜひ入りたいもの。

柚子湯がはじまったのは江戸時代のことといわれます。1838（天保9）年に刊行

された『東都歳事記』には江戸の人々の暮らしぶりや習慣がいきいきと活写されていますが、その中に冬至の日に銭湯で柚子湯が行われたという記述があります。銭湯文化が花開いた江戸の世で、冬至の柚子湯は人気を博しました。江戸っ子のシャレ心か、**「冬至」**と**「湯治」をかけたのでは**、なんて説もあるようですが、いまも銭湯では柚子湯は冬の風物詩となっています。たまには銭湯に出かけて、広々としたお風呂で柚子の香りを楽しむのもいいものです。

冬至には**かぼちゃ**を食べる風習もあります。本来は夏が旬のかぼちゃですが、長期保存が利く野菜。夏の太陽の恵みをたっぷりと閉じ込めたかぼちゃを冬場に食べれば、やはり風邪を引かないと言い伝えられてきました。またかぼちゃは「なんきん」とも呼ばれますが、冬至に「ん」がつくものを食べるとくといわれます。蓮根、銀杏、みかん、人参、金柑……こうした食材をメニューに取り入れてはどうでしょうか。

冬至が過ぎれば、太陽は活力を取り戻し、また1日は少しずつ長くなっていきます。だから冬至は太陽が再生する日とも捉えられ**「一陽来復」**とも呼びます。古代の中国では冬至を1年のはじまり、元旦と定めていたこともあります。日照時間がもっとも短いこの日は、ふだん温かな光を注いでくれる太陽に感謝をする日でもあるのです。

年越し

12月のしきたり

毎月の三十日のことを、昔は「みそか」とも呼んでいました。三＝み、十＝そ、とも読めるからです。これに晦日という字をあてて、月末の最後の日を表したのです（31日がある月はそちらを指した）。そして1年を締めくくる12月の晦日は、大晦日と呼びました。

この大晦日の日、江戸時代の街では仕事じまいをし、お正月の準備をする人々の姿があちこちで見られました。金や銀の細工をする職人たちも、仕事場の掃除に精を出していました。このときに、**そば粉を練ってつくった団子**を使ったといいます。これを仕事場のあちこちに押し当て、飛び散った細かな金や銀の粉をくっつけて集めたのです。**職人たちの掃除の様子から、そばはお金を集める、金運に恵まれる、という意味に転じて、大晦日の縁起物**となっていきました。年越しそばを食べる風習は、ここからはじまったのです。

大掃除をする江戸時代の人々
（商家煤払い『東都歳時記巻4 冬』より）

　また、細く長いそばには、長寿の願いも込められていました。そして歯切れがいいことから、年越しのときにそばを食べることで1年間の苦労を断ち切って、新年には持ち越さないように、という思いもあったといいます。

　薬味のねぎは、神社に勤める神職の階級のひとつ「禰宜（ねぎ）」に通じています。災いをお祓いしてくれる神職にあやかろうというものです。そして、ねぎらう、慰めるという意味の「労（ね）ぐ」にもかけているのだとか。1杯のそばに、日本人はさまざまな祈りを込めたのです。

　なお年越しそばは、年が明ける前に食べましょう。新年になってから食べたり、食べ残すのは縁起が悪いといわれます。

第二章　人生の節目でふれるしきたり

氏神

——うじがみ

この世に生を受けたことを報告するお宮参り（→P70）。7歳まで無事に育ち、地域の一員になったことを祝う七五三（→P72）。夏や秋に行われるお祭り、縁日（→P90）。

6月と12月の大祓（おおはらえ）（→P40）……本書で紹介しているさまざまな日本伝統の行事は、その多くが神社が舞台になっています。

そんな催しに参加したい、見てみたいと思ったとき、いったいどこの神社に行ったらいいのでしょうか。結論からいうと、どこでもいいのです。どの神社でも、祀られた神さまも、神職の人々も、温かく迎えてくれるものです。

ですが、やはりいちばん良いのは、いま自分が住んでいる地元の神社に行くこと。そこに祀られている神さまのことを、氏神さまといいます。そして、その氏神さまが守ってくれている地域に住んでいる人々を、氏子（うじこ）と呼びます。

その名称からもわかる通り、氏神や氏子とは本来、「氏」すなわち名前をともにする人々……同じ一族、同じ血縁で結ばれた親族の集団のことでした。古代の人間社会はすべて、まず血族を基礎としていましたが、その一族に縁のある神さまや、祖先の霊とされる神さまを祀り、生活や人生のサイクルを司る指針としたのです。**氏神さまを中心に、一族みんなで畑を耕し、収穫を祝い、子の誕生を喜び、命を紡いでいく……**そうやって日本人はずっと生きてきたのです。ちなみに、源氏の氏神さまは八幡宮、藤原氏は春日大社です。氏神さまとは一族を見守ってくれる神さまなのです。

もうひとつ、**産土神**という存在もあります。これは自分が生まれた土地を守っている神さまのことです。**血縁にまつわる氏神に対して、産土神は地縁でつながっています。**

しかし両者は、いまでは混在し、同じような意味で使われることも増えてきました。どちらも「縁」あってのもの、いちばん近くにある神社で良いとされています。

季節や人生の節目だけではありません。なにか迷いごとがあったり、気持ちがもやもやしているときは、近所にある神社をちょっとのぞいてみませんか。境内をゆっくり散歩し、手を合わせ、おみくじでも引いているうちに、少しは気分も変わってくるもので

す。実際に神さまがいるかどうかはともかく、気持ちを新たにできる、日常とはちょっと違った場所が身近にある……それはけっこう助かるものなのです。

参拝の作法

祭祀のしきたり

神社は神さまが住んでいるところです。日本人なら、お参りするときには礼儀を忘れないようにしたいもの。まず、こちらの世界と神さまの領域とをわかつ境界でもある鳥居をくぐる前に、軽く一礼をしましょう。「揖（ゆう）」という、神さまへの挨拶です。

そこから参道をさかのぼり、摂社（せっしゃ）や末社（まっしゃ）といわれるいくつもの小さな社を通り、ときには深い森を歩いていきます。古びた灯籠や狛犬の姿に、歴史を思うこともあるでしょう。鬱蒼とした木々が太陽を遮り、異界へと入ってしまったかのような雰囲気の神社も

また多いもの。神社はふだん生活している街の中にある、どこか非日常的な空間でもあるのです。

このときには、**参道の真ん中は歩いてはならない、**とされています。そこは**「正中（せいちゅう）」**と呼ばれる、**神さまの通る道。**なるべく避けて通りましょう。

この参道は、いまも昔も、身分や貧富の差も関係なく、誰であれ自分の足で歩み入っていくものなのです。鳥居から先は車なんてもってのほか。**武士だろうが殿さまだろうが、馬やら駕籠やらで乗りつけることは許されなかった**のです。その名残りで、いまも鳥居の前に「下馬」「下乗」と書かれた看板の立っている神社もあります。

こうして誰もが、平等に神さまに近づいていくのですが、その途中では身を清めることが求められています。**手水舎**に立ち寄り、まず左手を洗います。

添えられた柄杓を右手に持って水をすくい、手と口を洗ってからお参りをする決まりです。今度は右手を清めます。そして右手で柄杓を持ち、水を左手で受けて、口をすすぐ。最後に左手を洗って、柄杓を清めます。この流れは、はじめにすくった柄杓一杯の水だけで行うものとされます。

このお清めの儀式は、ずいぶんと簡略化されたものなのです。かつては、神社にお参りする前には海や川に入って禊をすることすらあったといいます。しかし現代社会ではなかなか難しいため、手水舎という形に変わっていきました。

古式そのままに、いまでも川での禊が行われている場所があります。日本の神社の中でも別格といわれる**伊勢神宮**です。その内宮の手前に流れている**五十鈴川**で、参拝者は手や口を清めるしきたりです。**川そのものが、巨大な手水舎となっている**のです。

伊勢神宮の手水舎にあたる五十鈴川（© lawashi2006）

2000年前から続く風習だといわれています。

こうして身も心も清めたら、いよいよ拝殿へ。まずは礼をひとつ。そして次に鈴を鳴らしますが、**高らかに大きな音を出している**のです。この音に呼ばれて、神さまが願いをかなえるべくやってくるといわれているからです。そして投げ入れるお賽銭は、5の倍数がいいとされています。「ご縁」にかけているのです。五円玉を用意しておくといいでしょう。

さあ、ようやく参拝です。心を静めて、ゆったりとした呼吸で、礼を2度。続いて拍手を2度、響かせますが、このときは右手を少し下にずらすもの。これは神さまと自分とが、まだひとつになっていないことを表現してい

ます。その後、ずらしていた右手をちゃんと合わせて、神さまに心を通じ合わせて、一心に祈るのです。

心残りがないほどに祈ったら、最後に礼をしてお参りは無事終了。これが**「二礼二拍手一礼」**の流れです。神社によってはいくらか違うところもありますが、参拝の一般的なスタイルなので、日本人なら覚えておきたいものです。

こうして礼を失せず、ひとつひとつの決まりごとを楽しみながら、そして最後に気持ちを込めて祈りを捧げると、けっこうな充実感があるものです。心地よい疲れさえ感じます。心がいくらか晴れやかに、すっきりしていることに気がつくでしょう。ただ漫然と訪れてなんとなく参拝するよりも、ずっと前向きになれるというものです。

神社への正式参拝

祭祀のしきたり

神社めぐりが好きな人でも、拝殿の前でお参りする程度、という人がほとんどではないでしょうか。しかし実際に社殿の中に入って正式に参拝し、祈祷やお祓いを受けると、やはり身は引き締まるもの。ひとつの経験としても興味深く、日本の伝統を知るいい機会です。

神社では、たとえばお宮参り（→P70）や七五三（→P72）など子どもの成長を祝う儀式も社殿の中で受けられます。また合格祈願であるとか、安産のお参り、そして厄年（→P80）のお祓い、あるいはなにか願いごとがあるとき……**さまざまな場面で正式参拝ができます**。あらかじめ予約が必要な神社もありますが、そうでなければ社務所に申し出ましょう。**もちろん清潔できちんとした服装で伺いましょう**。ラフな格好や露出の多い服はNGです。

玉串奉奠（© ともこん／ PIXTA）

通常の参拝よりずっと神さまに近づくわけですから、社殿に上がる前には一礼を。以後は神職の指示に従いましょう。まずはお祓いを受け、そして神さまに捧げ祈る言葉である祝詞を神職が唱えます。この間は心静かに。

それから神さまに食べものを供えます（神饌）。

続いて榊の枝に、和紙の飾りをつけたものを渡されるでしょう。**玉串**です。右手で枝の根元を持ち、左手を添えて受け取る作法です。

祭壇の前に進み出て、一礼。玉串を右側に回して、根元を祭壇に向け、台の上に捧げ、二礼二拍手一礼（→P64）。これが**「玉串奉奠」**の手順です。この後、巫女が神さまに捧げる踊りである神楽を舞うこともあります。

こうして正式参拝は終了となります。略式のふだんの参拝よりも緊張するでしょうが、きっとご利益があるはず。

出産

我が子の誕生ほど、人生の中で嬉しい出来事はないかもしれません。命を次の世代につなげることができたという、生物としての本能からの喜びなのかもしれません。だからここまで命をリレーし、支えあってきた家族、親戚にとっても一大事。あの手この手で安産を祈り、成長を見守り、健康を願うしきたりが生まれてきたのです。

妊娠5か月目の戌（いぬ）の日には、**「帯祝い」**を行います。安産祈願で知られた神社では、祈祷をした帯をいただき、お腹に巻いていきます。神社にお参りをしてお祓いを受けた帯を用意しているところもあります。この帯は「岩田帯（いわたおび）」と呼ばれていて、かつてはお腹の中の赤ちゃんの位置を安定させる効果があるので、もに木綿のさらしなどでした。お腹の中の赤ちゃんの位置を安定させる効果があるので、もに木綿のさらしなどでした。いまでは時代に合わせて、より実用的な妊婦用のコルセットやガードルを使うことも増えてきています。

この帯のルーツは神話の世にさかのぼります。『古事記』によれば、戦場で産気づいた神功皇后が石と一緒に腹帯を巻くことで身体を冷やして出産を遅らせ、凱旋後に無事わが子を産んだそうです。この故事から宮中では安産祈願の儀式として伝わってきましたが、江戸時代になると庶民にも広がっていきました。

どうして戌（犬）の日なのかといえば、犬は多産で、しかもお産が軽いから。**犬にあやかって少しでも安産であるように祈ったのです。**戌の日は12日ごとにめぐってくるので、体調を見て神社に出かけてみるといいでしょう。

また、妊婦はトイレをしっかり掃除するといい、ともいわれます。トイレに宿る神さまは出産にも関わっており、ふだんからきれいに掃除をしていれば美しい子どもが産まれるそうです。トイレの神さまは美人の女神でもあるのです。

無事に出産を迎えたら、この世に生を受けたことを祝い、家族に迎え入れるための儀式として、産湯で身体を洗います。ただ現在では、出産直後の赤ちゃんの肌には「胎脂（たいし）」という雑菌から身を守ってくれる油膜のようなものがつくられていることがわかってきました。これを残すために、分娩時には身体を拭くだけにしておく「ドライテクニック」という方法を採り、3日後くらいに産湯に入れるという選択肢も出てきています。

お宮参り

祝い事のしきたり

地域を司り、見守ってくれる神さまである氏神さまに、子どもの誕生を知らせる。それが「お宮参り」です。**自分が住んでいる土地の神さまに挨拶をして、地域社会の構成員、つまり氏子**（→P60）**として認めてもらう**という意味があるのです。

お宮参りは一般的に、男子は生後31日目、女子は生後33日目に行います。昔は着物でしたが、いまではスーツでも大丈夫。そして主役である赤ちゃんも着飾ります。かけ着ともいわれる祝い着の柄は、男子だったら鷹や武者など勇壮なもの、女子なら花柄の友禅など華やかなものが好まれますが、生後間もない赤ちゃんに着せるのはたいへんなのでベビードレスを使う家庭も増えています。

お宮参りの服装は、なるべく正装であることが求められています。主役である赤ちゃんは、生まれてはじめての正装です。白羽二重（しろはぶたえ）という産着の上に、豪華な祝い着をかけた姿が、このときの服装は、なるべく正装であることが求められています。

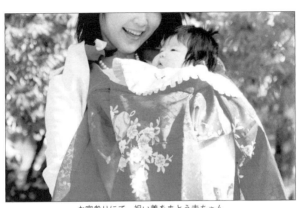

お宮参りにて、祝い着をまとう赤ちゃん

そしてお宮参りのときに赤ちゃんを抱くのは父方の祖母の役目。その昔、出産からまだ1か月では、母親は「穢れた」状態にあるとされていたからです。

古くからの日本人の考え方では、大量の出血を伴う出産は穢れたものでした。**母親はその状態がもとに戻るまでは、聖域である神社にも行かなかったのです。**ですがこれは、出産で体力が落ちた母親を気づかい、労わるための風習だったとも考えられています。

そんな時代の名残で、お宮参りは父方の祖母が赤ちゃんをつれていっていましたが、いまではこうしたタブーも気にしない時代となっています。家族で神前に出向き、神職に祝詞を上げていただき、我が子の無事な成長を祈りましょう。

七五三

祝い事のしきたり

11月15日、その年に3歳、5歳、7歳を迎えた子どもを地域の氏神に連れていき、成長を祝う七五三。これはもともと、武家や宮中で行われていたもので、それぞれ別の行事でした。

3歳の男の子と女の子が迎えるのは**髪置き**の祝い。赤ちゃんの頃は剃っていた髪の毛を伸ばしはじめる儀式です。5歳になった男の子が、はじめて袴をつける儀式が**袴儀**の祝い。紋付の着物に羽織袴をまとい、これで晴れて日本男児の仲間入りというわけです。

そして7歳の女の子は、大人と同じ帯を締める**帯解き**の祝いで、日本女性の一員になるのです。この晴れ晴れしい日を迎えることは、家族の大きな喜びでしょう。

この3つのお祝いが一緒になったのは江戸時代だといわれています。**旧暦の11月15日は、中国の暦のひとつである二十八宿によると、鬼が出歩かない「鬼宿」という日**

で、なにをするにも縁起のいい日だとされていたのです。また、この日に5代将軍・徳川綱吉が息子の3歳のお祝いを行なったことにも由来があるのだとか。

いまでは有名な神社や写真スタジオなどもかなり混み合うので、11月15日にこだわらない家庭が多いようです。

さて、七五三には、もうひとつ意味が隠されています。

江戸後期の七五三の様子。神社の境内には出店も見られる（『江戸歳事記4巻付録1巻』より）

医療が発達していない時代、子どもたちは病気などで亡くなることがよくありました。親は必死でわが子の健康を祈ったのです。そんな心配も、7歳くらいになって抵抗力がついてくれば、もう大丈夫。そこで氏神のもとで、氏子のひとりとして認められる「七つ子祝い」という通過儀礼も、七五三のルーツのひとつです。

成人式

冠婚葬祭のしきたり

人生における大事な節目の儀式の中でも、代表的なものを指して「冠婚葬祭」といいますが、このうち「冠」は成人式を表しています。なぜなら、成人式とはもともと、男の子が冠をかぶる儀式だったからです。

その風習は奈良時代にはじまったといわれています。数え年で12～15歳くらいになると、もう一人前として認められ、男性として大人の装いをすることが認められたのです。

氏神の前で正装をまとい、髪型を整えて、冠をかぶる……大人と同じ服装をするという意味で、これは『元服』と呼ばれました。武家では、冠ではなく烏帽子という長細い礼装用の帽子をかぶることもありました。

このときにはしっかりと褌を締め、また大人の男に必要な性についての知識を教えてもらう地域もあることから「褌祝い」ともいわれます。この日を境に、ひとりの男とし

て、結婚ができるというわけです。

一方、女子の元服は12～16歳ごろ。**裳**という着物の一種を袴の上から羽織る儀式を行いました。結婚を前にした貴族の女子のしきたりでした。お歯黒をして、眉を剃るなどの化粧も施したそうです。髪型も大人らしく、おかっぱを改め、後ろでまとめて結うようになります。そのため女子の元服は、**「裳着」**、**「髪上げ」**ともいわれます。

10代半ばでひとりの社会人、地域の一員として扱われ、責任を持って生きることが義務づけられたのです。大人への通過儀礼でもあり、男子なら米俵（60～80キロ）1俵を持ち上げられるか、女子であれば田植えのスピードを見る腕試しをする地方もあったのだとか。

武家や宮中での元服の慣わしは、庶民にも広まっていきました。元服は小正月に行なっていたことから、戦後の1948（昭和23）年には1月15日が成人の日と定められています。2000（平成12）年からは1月の第2月曜日と変わりました。

2022（令和4）年からは、成人年齢が18歳に引き下げられる予定です。すでに選挙権は18歳以上に認められており、昔のように少し早めに大人になる日が来るのかもしれません。どんな社会になるのでしょうか？

結婚式

古式に則った結婚の儀式を行うことはなかなか少なくなっている現代社会。それでもひとつひとつのしきたりを見ていくと、新郎新婦の幸せと、両家の和やかな結びつきや繁栄を祈るものばかりなのです。

結婚の前に、婚約が成立したことを両家で確認し合う儀式が結納ですが、これは4〜5世紀にはすでにはじまっていたようです。仁徳天皇の皇太子が妃の家に贈り物をしたと『日本書紀』には記されており、これが文書で確認できる「最古の結納」です。

この贈り物、昔はお酒や肴が多かったようです。**それらを両家で持ち寄って祝宴を開いた**のです。この風習が現在でも残っています。結納のときには、酒肴にルーツを持つ昔ながらの品々を送り合う習慣があります。形式的になってはいますが、そこには大事な意味が隠されているのです。

こんぶ（子生婦）は子宝に恵まれるように。ながのし（長熨斗）は不老長寿の象徴であるアワビを干して伸ばしたもの。するめ（寿留女）は末長い夫婦生活の、いざというときの保存食として。かつおぶしには「勝男武士」という漢字が当てられ、たくましい子どもが育つように。そして、麻糸はともしらが（友志良賀）と呼び、白髪になるまで夫婦円満で……。こんな縁起物を、5、7、9品と「縁起が良い」とされる奇数、贈ります。

地域によっても違いがあります。

これは新郎側が送ることが多いですが、返礼として、新婦側もお返しをします。「**結**びつきの品を「**納**」めあうから、**結納と呼ばれている**のです。

さて、いよいよ結婚式当日、最近は昔ながらの神前結婚式を選ぶ人も少しずつ増えているのだとか。その中でも大事な儀式のひとつが、三々九度です。神職のお清めのあと、新郎新婦が巫女からお神酒を受け取り、順番に飲んでいくものです。まず小盃を新郎、新婦、新郎の順で飲み、次に中盃を新婦、新郎、新婦と飲み、最後に大盃を新郎、新婦、新郎と飲んでいく。3つの盃を3回にわけて、計9回で飲むために**三々九度**と呼ばれます。

いまでは口をつけて飲む仕草だけでも大丈夫ですし、ひとつの盃を新郎新婦一度ずつだけで飲むことも多いようですが、そこに込められているのはやはり夫婦、両家の幸せ

結納品の一例

な将来を願う気持ち。何度も盃を重ねることで結びつきが強まると考えられました。また古来、奇数は縁起のいい数とされてきました。お祝いのためにも、おめでたい数字を連ねたのです。

三々九度のあとは玉串奉奠です。神さまが宿るといわれる、紙垂という飾りをつけた榊の枝を神職から受け取り、神前に捧げて、結婚が成立します。

ところで結婚式といえば、白無垢やウェディングドレスなど、花嫁の美しい衣装も見ものです。しかし白装束はまた、死者が着るものでもあるのです。

日本の伝統的な結婚式では、新婦は実家を発つ前に、茶碗に盛られたご飯を食べ、空になったその茶碗を玄関先で割るしきたりがありました。これは、葬儀と同じなのです。

日本の古い葬儀では、死者の枕元に枕飯を備え、出棺のときにはやはり茶碗を割ります。

このときに藁火を焚きますが、これは結婚のときと同じ。新婦が新郎の家に入る前にも、同様に藁火を焚くのです。

死者が白装束と炎とであの世に旅立っていくのと同様、新婦は実家の娘としては一度死ぬ。それを表現しています。 そして新郎の家の花嫁として、白無垢に身を包んで生まれ変わる……。

白という色には、そんな意味が込められているのです。結婚式のお祝いムードの中にも、新婦とその両親はどこか寂しげで、切なさをたたえているものです。それは「嫁入り」という言葉の重さを、風習にしばられることが少なくなったいまの時代でも、感じているからではないでしょうか。

厄年

祭祀のしきたり

誰しも厄年を迎えると、なんとなく不安になったり身構えたりするものです。

男性は25歳、42歳、61歳。女性は19歳、33歳、37歳（いずれも数え年）。中国の陰陽道の考えがもとになっていますが、この時期は災難に見舞われやすいといわれ、まわりでも「こんなたいへんなことがあった」なんて話を聞かされるかもしれません。とくに男性42歳、女性33歳は「大厄」と呼ばれ、要注意なのだとか。さらに、それぞれの厄年の前後は前厄、後厄と呼ばれ、3年間は気をつけたいとされます。

確かに男性は本厄のあたりは働き盛りで、社会的な立場も重くなってくるもの。女性は婦人科系の病気が現れたり、出産で身体が弱まったりもします。だから厄年を迷信と**とらえるのではなく、これまでの人生で蓄積されてきたストレスや疲れが出てくる時期**と考えて、生活習慣を見直すいい機会としたいものです。

厄落としのためのお祓い

そして厄年は「役年」でもあります。社会
や家庭の中で、大きな「役」を、つまり責任
を担うようになってくる年齢。それを前に、
気持ちを新たにしよう……厄年は気分を切り
替え、次のステップを見すえる年なのです。

だから日本人はさまざまな方法で厄を落と
そうとしました。「ふだん身につけているも
のに穢れや災いがついている」と考えて、江
戸時代には男性ならふんどし、女性は櫛を捨
てたり、節分の日に豆を捨てることも流行り
ました。厄年の人が宴を開いて、招待客にご
ちそうをしたり、災いを祓う効果があるとさ
れる赤い色を身につけたり……**手段はともか
く、一度立ち止まって人生を見つめ直す。**そ
れが厄年の意味なのでしょう。

地鎮祭 —じちんさい

祭祀のしきたり

いまでは行う人も減ってきているといいますが、それでも家やビルなどを建てるときには地鎮祭をする慣わしがあります。

地鎮祭で、地祭り、とこしずめのまつりともいわれます。

地鎮祭は『日本書紀』にも記述されています。６９２（持統天皇6）年に「新益京を鎮め祭らしめた」という一文が出てくるのです。新益京とは藤原宮のこと。この記載の2年後に、持統天皇は飛鳥を離れ、藤原宮にいわば引越しをしています。そのときに、天皇の「新居」を建てるにあたり土地を鎮めたのです。

現代の地鎮祭は、おもに神職が行います。新しく家を建てる地域の氏神に相談するといいでしょう。竹や榊、注連縄など、神さまを宿らせるための祭壇は神職が用意してく

から地鎮祭で、地祭り、とこしずめのまつりともいわれます。**その土地に住む神さまに建築の許しを乞い、工事の無事を祈願し、敷地を清める……**そんな意味があります。地の神を鎮める祭りである

れます。　施主は、お酒やお米、野菜、魚などのお供えものを用意しましょう。

地鎮祭は大安吉日がよく選ばれます。　祭壇は神籬と呼ばれ、四方に竹を立てて、注連縄をめぐらせて囲みます。そこにお供えものを捧げて、神さまを呼ぶのです。この小さな祭壇は、臨時の神社のような存在でもあります。

そして神職が祝詞を上げて、土地の神に祈ります。　その土地に生えた草を鎌で刈ったり、鍬で土地をおこしたりといった儀式もあります。　最後に関係者一同で玉串を捧げて、儀式は締めくくられます。

工事が進み、建物の基礎ができ、屋根を支える棟木を引き上げたときには、上棟式を行います。やはり祭壇をつくって、建物にお神酒をまいて清めていきます。このとき、餅やお菓子、小銭をまくこともあります。これには、近所の人々に福をおすそわけするという意味があるそうです。また工事関係者をねぎらう儀式でもあるのです。

地鎮祭や上棟式は、個人の住宅では行わない人も増えています。しかし、自宅を実際に建設してくれる職人たちなど、工事の関係者と顔を合わせるいい機会でもあるのです。またご近所に挨拶をするきっかけにもなります。このときに人間関係をつくっておけば、きっと新しい暮らしもうまくいくはずです。

丹

祝い事のしきたり

還暦

いまの時代の60歳は、皆さん若々しいものです。まだまだ人生これからと若い人より元気だったりしますが、「人生50年」とも謳われた時代、60歳を超えれば長生きで、おめでたいことだとお祝いをしました。

その節目が還暦。「暦」がめぐり、「還」ってくると書きます。これは、中国にルーツを持ち、日本に伝わってきた暦の考えからきています。

その暦とは、まず現代でも広く使われている「十二支」です。子、丑（うし）、寅（とら）、卯（う）、辰（たつ）、巳（み）、午（うま）、未（ひつじ）、申（さる）、酉（とり）、戌（いぬ）、亥の12種類で、自分がどの年に生まれたのかは誰でも知っているはず。そしてもうひとつが「十干（じっかん）」です。ものごとの順序や階級などを俗に表す甲（こう）、乙（おつ）、丙（へい）、丁（てい）、戊（ぼ）、己（き）、庚（こう）、辛（しん）、壬（じん）、癸（き）と10種類が続きます。

このふたつが組み合わさり、年や日付、あるいは方角を表したのです。**十二支と十干**

赤いちゃんちゃんこ

で「干支」なのです。例えば二〇二一年は十二支だと丑年ですが、十干は辛となります。合わせて辛丑が、干支となります。

この**十干十二支の、最小公倍数である「60」ですべての組み合わせがひとめぐりする**のです。60の異なる干支を過ごし、満60歳（61年目）に、生まれたときの暦に還る……それが還暦なのです。

だから赤ん坊に戻って、赤いちゃんちゃんこを着る慣わし。赤は子どもを病や災厄から守る色と考えられてきました。60の暦を刻むうちには、本当にいろいろなことがあったと、思い出し、お祝いをする日なのです。

第三章　笑いのお祭り、福を呼ぶ儀式

祭祀のしきたり

無礼講

日本人はことあるごとにお酒を飲む人々です。若い層の間では「お酒離れ」の傾向ともいわれますが、それでも飲み会の席はひんぱんにあるのではないでしょうか。仕事が絡むとさらに酒席も増え、ときには、

「今日は無礼講だから、堅苦しいことを抜きにして楽しくやりましょう」

なんて音頭で座が始まることもあるでしょう。

この「無礼講」、誤解している人も多いのですが、**上下関係を越えた「無礼」が許される場ではない**のです。

そもそも、日本における宴会、お酒の席といえば、古来は神事のことでした。お祭りやお祓い、お祝いなど、日常生活を離れた神さまとの触れ合いを神社で行うことを日本人は大切にしてきました。そうした神事のときには必ず、神さまにお神酒を供えるものです。

神事のあとには、参加者でこのお神酒をいただく習慣でした。これには儀礼的に、やはりお供えもののお米や野菜でつくった肴が添えられました。そして**お供えものを、つまり神さまと同じものを、人が口にする。**これは直会（なおらい）といわれ、**神事を締めくくる儀式**でした。だから厳かに行われ、お神酒も上座から下座へと回され、酔い乱れることもありません。こうして「神人共食」することにより、神さまの力を得られると捉えられてきたのです。この場を「礼講」ともいいました。

やがてすべての儀式が無事に終わり、ほっと息をつく。これでひと安心だ。それじゃ肩の力を抜いて、ゆっくりと飲みなおそうか。もう礼講ではないから、気楽に行こう……そんな席こそが「無礼講」なのです。上座も下座もなく、酌をしあい、酌み交わしたことでしょう。

本来は「ちょっとリラックスしようか」というほどの意味なのですが「無礼をしてもよい」と勘違いしてしまう人の姿は、古典落語の『妾馬（めかうま）』にも描かれています。大名の前で泥酔して粗相をしてしまうのですが、逆に興味を持たれて、侍として引きたてられるという出世物語でもあります。いまでもありそうな話ですが、上司が「無礼講で」と言ったとき、どうふるまうのがベストなのか。現代のサラリーマンにとっても悩みどころかもしれません。

祭祀のしきたり

縁日

神社やお寺の境内にたくさんの屋台が並び、和やかに、賑やかになる縁日。夜になれば提灯が灯され、幻想的ですらあります。いまではお祭りの一種と思われている縁日ですが、そもそもはお参りの日でした。

「縁」のある「日」という字にも表れていますが、**縁日とはその神社やお寺に縁の、ゆかりのある日のこと。**「有縁日（うえん）」ともいいました。寺社に祀られている神さまと、よりお近づきになれる日を指したのです。

たとえば、毎月8日と12日は薬師如来の縁日。この日に薬師如来を祀っているお寺に行って参拝すれば、いつも以上にご利益がいただけるとされました。15日は阿弥陀如来、16日は閻魔（えんま）、18日は観世音菩薩（かんぜおんぼさつ）、いわゆる観音さま。21日は弘法大師（こうぼうだいし）で、24日は地蔵菩薩、つまりお地蔵さまなどなど、さまざまな縁日があります。また観音さまの場合、7

月10日は特別な縁日です。「四万六千日（しまんろくせんにち）」といわれ、いつもの参拝の4万6000日分のご利益があるといわれたのです。それぞれの神仏の、降臨（生まれた）した日や命日などにちなんでいるといわれます。

日にちではなく、干支で縁日を定めている場合もあります。大黒天は甲子（きのえね）、弁財天は己巳（つちのとみ）、稲荷神は午の日、また毘沙門天は、1月、5月、9月の最初の寅の日が縁日です。これが中国を経由して日本に伝わってきました。

ここまで出てきた神さまを見てもわかる通り、

縁日とはおもに仏教の習慣。これが中国を経由して日本に伝わってきました。

平安時代の『今昔物語集（こんじゃくものがたりしゅう）』にも「15日は阿弥陀如来の縁日」と記述されており、また鎌倉時代の『古今著聞集（ここんちょもんじゅう）』にも「今日は18日で観音の縁日」と、中世にはすでに定着していたようです。

縁日には、各地の寺社は参拝客で賑わいました。そんな人々を当て込んで、出店や見せ物もやってくるようになります。中にはお店がそのまま居ついて、さらに数が増え、大きな門前町を形成した場所もあります。やがて地域によっては、お祭りも行われるようになっていきます。江戸時代以降は、お参りがてら、食事や買い物も楽しむ日として親しまれるようになっていきます。いまではむしろお祭りの色彩が濃くなっていますが、ふだんよりも神さまとの距離が近いこの日、お堂に手を合わせてみてはどうでしょうか。

祭祀のしきたり

お神輿

——おみこし

日本のお祭りに欠かせないものといえば、お神輿ではないでしょうか。はっぴ姿にねじり鉢巻の男たちが、かけ声も勇ましくお神輿を揺らし練り歩く姿は、まさにお祭りの華。

しかし、このところ急増している外国人観光客に、お神輿とはいったいどんなものなのかと聞かれて、答えに窮した人もいるのではないでしょうか。意外に知られていないのですが、簡潔にいうとお神輿とは「ミニ神社」なのです。

ふだんは神社の中にいる氏神さまが、お祭りになるとお神輿に乗り移り、自分が管理している地域を巡回していく。だから（原則として）お神輿を担いでいるのは氏子、つまり氏神さまの神社の周辺に住んでいる人々なのです。本来は、縁のない観光客が飛び入りで担いでいいものではないのです。

お神輿（©UGA）
下部をよく見ると、小さな鳥居が存在する

神社を飛び出し人々の住まう様子を見てまわる神さまも、お祭りとなると気持ちが昂ぶるのか、**お神輿は揺らせば揺らすほどいいと**われます。そうすると中の神さまが喜び、地域に幸福をもたらしてくれるといわれます。あの勇壮に、激しく担ぎ上げて揺らす姿にも、ちゃんとした意味があるのです。

お神輿は臨時の出張神社であるわけですから、装飾もよく見れば神社そっくりです。中央に立派な本殿が座し、その正面には鳥居が立っています。鳥居をくぐっていけば階段が現れ、その奥には本殿を巡る回廊までもがちんと表現されています。そして、その神社と同じ紋が刻まれています。いまでも職人の手仕事によるお神輿の装飾は見ものです。

祭祀のしきたり

強飯式

——ごうはんしき

「さあ、食え！」

と目の前に差し出されたのは、ひとかかえもある巨大などんぶり。ご飯がまさに山と盛られ、受け取ってみればずっしりと重い。三升およそ5・4キロにたじろいでいると、**「これを75杯じゃ、しっかりと食べよ！」** と一喝されるのです。

75杯どころか1杯だってとうてい食べられないでしょうが、こんなお祭りが栃木県の日光市に伝わっています。舞台は日光山内。東照宮や二荒山神社（ふたらさん）とともに、ユネスコの世界文化遺産にも登録されている輪王寺（りんのうじ）です。

昔から日本人は山を神聖なものとして崇めてきましたが、これに仏教が混じりあい、修験道（しゅげんどう）という教えが現れてきます。その信者の中でも、山にこもって修行をする人々は山伏（やまぶし）と呼ばれました。彼らは日光山も修行の場として訪れていましたが、**山中にある本**

尊に供えていたものを帰路に持ち帰り、里の人々に分け与えていたといいます。山の神のご利益がいただける、と村人たちはありがたがったのですが、これが強飯式の原型です。

徳川家康を祀った東照宮が建造されるころには、現在と同じ形式の祭りにに変わっていったそうです。山伏姿の男たちに特盛りご飯を強いられることから「日光責め」とも

山伏姿の僧侶が山盛り飯を食べるよう責め立てる
（提供：共同通信社）

呼ばれました。挑戦者たちは「頂戴人」と呼ばれ、日光三社権現のご加護によって「七難即滅、七福即生の現世利益」が得られるといわれたのです。江戸中期になると、徳川家はじめ大名たちの間で評判となり、参加者が相次いだとか。

ちなみに現在は、山盛りご飯はあくまで儀式なので食べる必要はないようです。日光山のご利益をいただこうと、祭りが行われる毎年4月2日にはたくさんの人が押し寄せます。

祭祀のしきたり

笑い祭り

日本には各地に「笑い祭り」が伝わっています。喜びや安堵を感じて思わず漏れる笑み。快哉の笑い声。日々の生活を温かにする笑いそのものを、日本人はお祭りや神事にまで昇華させたのです。

愛知県の熱田神宮では、毎年5月4日の**酔笑人神事（えようど）**が行われています。三種の神器のひとつである草薙の剣（くさなぎのつるぎ）が、皇居から熱田神宮に移されたことを喜び、神職たちが高笑いをするのです。その笑い声から「オホホ祭り」ともいわれています。

また山口県防府市（ほうふ）の**「笑い講」**は市の無形民俗文化財でもあり、1199（正治元（しょうじ））年から続いています。直会（→P89）のあと、榊を手にした人が3度大笑いをしていくものです。榊は順に手渡され、だんだん場は賑やかになっていき、最後は全員で大笑い。

毎年12月に行われていて、その年の収穫に感謝し、翌年の豊作を祈るお祭りです。

きわめつきは和歌山県日高郡日高川町にある丹生神社の名物ともなっている笑い祭りでしょう。主人公は「鈴振り」という役目で、その姿はピエロそのもの。真っ赤な頭巾をかぶり、顔は真っ白に塗られ、「笑」の文字まで描かれています。服はやっぱり赤やら黄色やらのはではでな原色。そんな格好でいきなりお神輿の前に登場するのです。そして「永楽じゃ、笑え笑え、世は楽じゃ！」と叫びながら、集まってきた人々を笑わせ、お神輿の先導を務めていきます。神社にお神輿が戻ってくると、太鼓や獅子舞などの芸が奉納されます。なんとも珍妙なのですが、県の無形民俗芸能にも指定されています。

その由来は神話にあります。日本全国の八百万の神々が、出雲に集まって会議をするという旧暦10月。世間から神さまがいなくなってしまうこの神無月に、うっかり寝坊をしてしまった神さまがいたのです。それが丹生神社が祀っている丹生都姫命でした。**大事な会議に遅刻して落ち込んでいる丹生都姫をどうにか慰めようと、人々はあの手この手で笑わせようとした……**そんな伝説が残っています。

このお祭りが開かれる日高川町は、世界的に有名なガイドブック『ロンリープラネット』によって「世界で最も幸せな場所ランキング」ベスト10にも選ばれています。

悪態祭り

茨城県中部に位置する笠間市。そのシンボルともいえる存在が、標高306メートルの小高い愛宕山です。13の天狗が住み、修行していたという伝説を持つこの山には、なんとも奇妙なお祭りが伝承されています。毎年12月のお祭り当日。愛宕山の麓には、**白装束に天狗の面をつけた13人**が集まります。彼らは神職に先導され、お供え物と、竹ざおを手に、愛宕の山中を巡っていきます。

そして目的の祠に着くと、神職が祝詞を唱え、天狗がお供えをするのですが、そこへ、見物人が飛びこんでくるのです。彼らは3人、4人とたいへんな剣幕でお供えものにしがみつき、激しい奪い合い。天狗たちは竹ざおを振り下ろして追いはらおうとしますが、**お供えものは持ち去られてしまいます**。気を取りなおして一行は次なる祠を目指して歩いていくのですが、待ち構えていた人々からは罵声が投げかけられるのです。

「悪態まつり」で餅やお菓子をまく、天狗役の氏子総代ら
（写真提供：共同通信社）

「早くしろ！」「遅いぞ、この野郎！」

畏れ多くも神職と天狗に向かって悪態をつく人々。そして祠ではまた、お供え物の争奪戦が始まるのです。山には16の祠が点在していますが、どこでもこの調子。そして最後の祠の後には愛宕神社に向かい、境内から天狗たちが参拝者に餅をまいて、お祭りの締めくくりとします。

江戸時代から愛宕山に伝わっているこの「悪態祭り」、藩のお役人が民衆の意見を聞こうと思い立ち、始まったといわれています。この日だけはどんな罵詈雑言でも許されたのだとか。見事お供えものを奪えた人には、幸運があるといいます。

人間、ときには悪態をつきたいことだってあるもの。日々積もったストレスを発散させ、日常を打ち破るためにも、参加してみてはどうでしょうか。

祭祀のしきたり

野神祭り

——のがみまつり

14世紀、鎌倉時代から南北朝時代にかけて活躍した武将、新田義貞（にったよしさだ）。鎌倉幕府を倒して新時代を開いたヒーローでもありますが、彼には最愛の妻がいました。『太平記』によれば、それは美女として世に知られた勾当内侍（こうとうのないし）です。

義貞は足利氏との戦いで命を落としてしまうのですが、このとき彼女は大いに嘆き悲しみ、尼さんとなって余生を義貞を弔うことに捧げたといいます。

しかしもうひとつ、伝承が残されているのです。これを哀れに思った地元の人々が塚を立てました。そこに身を投げたというものです。勾当内侍は悲嘆のあまりに、琵琶湖に、彼女を祭神とする野神（のがみ）神社が建立され、現在に至っているといわれます。

いまでも命日とされる毎年10月には野神祭りが行われ、その死を悼むのですが、内容はずいぶんと奇妙なものなのです。

　祭りは**「お渡り」**という行事から始まります。　神職を先頭にして、裃をまとった人々が神社を出発して地域を練り歩いていきます。このときにお供えものを載せたお膳を持っているのですが、かつては**これを地面に投げつけたり、人にぶつけたりといったことが行われていた**そうなのです。

　それは相思相愛の夫を失い、心を病んでしまった勾当内侍の悲しみを表しているというのですが、なぜそれがお膳を投げることにつながっていったのか、はっきりとしたことはよくわかっていないようです。その錯乱した様子から「きちがい祭り」とも呼ばれ、奇祭のひとつとして数えられてきました。

　ただし、いまでは「お膳投げ」でけがをする人も続出したことから、儀礼的にささやかに行われているのだとか。

　夜になると、松明を掲げた人々が街を歩き、幻想的ではあるのですが、みなで「火事だ、火事だ！」と叫んでいるのも異様。勾当内侍の入水を知った人々が、なんとか人手を集めようとしたからという説もあるようですが、これも詳しいことは不明です。最後に勾当内侍の塚にお参りをして、この謎のお祭りは締めくくられます。

ひげなで祭り

千葉県香取市にある側高神社（そばたか）でも、奇妙なお祭りが行われています。

神社の境内につくられた舞台で、並びあう紋付袴の男性たち。彼らのうち、西側に座っていて、立派なカイゼルひげをたくわえている2人は今年、地域のお祭りを差配する当番です。そして東側2人が来年の当番。これは、その当番を引継ぐ儀式でもあるのです。

お互い、盃に注がれたお酒を飲むのですが、そのあとに西側の2人がひげをなでたら、それは「もう一杯！」の合図。再び盃にはお酒が注がれ、東西の4人はまたもぐいっと飲み干します。さらにまた西側がひげをなでたら、お酒追加。**ひげなでが続くうちは、延々とお酒を酌み交わすしきたりなのです。**

これは西の旧当番による、東の新当番に対する接待という意味でもあります。だから、新当番は何杯続こうと応じなくてはなりません。

1杯飲み干すごとに、当番たちの座る

地面には竹の串が刺されていきます。20杯以上も飲み干す酒豪も珍しくはないそうです。

この「ひげなで祭り」が始まったのは鎌倉時代、1214（建保2）年と伝えられています。実に800年の伝統があるのです。五穀豊穣、子孫繁栄を祈願してのものなのだとか。

いまのルールでは、東西のやりとりは7組にわたって繰り広げられます。最初の組はまず1杯、次の組は3杯、さらに次は5杯、そして7杯、7杯、5杯、最後の組は1杯。この決められた数の杯をとりあえず空けてから、ひげなでの合図による「おかわりタイム」となるのです。そして西側のひげたちが満足するまで、交歓は続きます。

ちなみに西側の2人のひげは、つけひげです。おおげさなカイゼルひげをつけるようになったのは現代のユーモアです。ですがその昔は、本物の自前のひげで儀式に臨んでいたそうです。盃のさしあいのとき、ひげについたお酒をぬぐったことで、このお祭りが始まったのだ、という説もあります。

同じく千葉県の「にらめっこおびしゃ」、栃木県の益子祇園祭で行われる「御神酒頂戴式」など、とにかくお酒を飲むお祭りは日本各地にあります。こうしてハレの日を思いっきり楽しめるのも、ふだん一生懸命に働いている日常があるからでしょう。

祭祀のしきたり

ショウ ガ 祭り

インド南部などの熱帯アジアが原産で、紀元前2〜3世紀に中国を経由して日本に伝わってきたというショウガ。以来、香辛料や野菜として、日本人に親しまれてきました。

すぐれた殺菌作用・消臭効果のほか、胃の働きを助けたり、また風邪の予防、冷え性の改善など、さまざまな効能があることから、生薬としても使われてきました。

もはや日本人の生活には欠かせないものとなっているショウガですが、いまではお祭りの主役になるほど愛されています。毎年9月8、9日、東京の郊外、あきる野市にある二宮神社の秋の例大祭は、別名「ショウガ祭り」と呼ばれているのです。

お祭り当日、神社に至る参道の左右には屋台が並ぶのですが、これがどれもショウガを売るものばかり。街の商店も軒先にショウガを並べており、まさにショウガ一色といった様子。みそにつけて試食できる店もあり、どこでも飛ぶように売れていきます。

このお祭りにあたっては、神饌（お供えもの）として、牛の舌の形をしたお餅、子持ちの里芋、そして葉つきショウガを捧げる風習があります。創建年代不明ながら平安時代にはすでに存在していたといわれる二宮神社ですが、殺菌作用のあるショウガに注目したと考えられています。

それから二宮神社のショウガは広く知られるようになり、年に一度の「神さまからいただくショウガ」を食べれば無病息災で風邪知らずと人気になっていったのです。

日本ではほかにも、ショウガを大切にする風習があります。旧暦の八月一日の八朔の日には、お世話になっている人に挨拶に行くものでしたが、このとき葉つきショウガをお土産にしました。またお嫁さんが実家に里帰りするときも、ショウガを持っていったそうです。

そして東京・芝大神宮でも、９月にはショウガ祭りが開かれます。やはりショウガの奉納が行われますが、10日間も続くことから「だらだら祭り」ともいわれます。

石川県の金沢市には波自加彌神社（はじかみ）がありますが、はじかみとはショウガの古い呼び名。６月に行われるはじかみ祭りには、ショウガをはじめ香辛料の生産業者が集まってきます。神事のあとにはお清めされたショウガ湯がいただけます。

ジャランポン

埼玉県秩父市。山地に囲まれたこの地域には、ふしぎな習俗がいまも残っています。

その由来はかつて、蔓延する疫病をどうにか静めようとしたことにあるといわれます。

人々は神さまに人身御供を、つまり生贄を捧げて、その死をもって災厄を祓おうとしたのです。なんとも重々しい話なのですが、いま実際に行われているお祭りは、ユーモラスきわまりないものへと変化しました。

舞台は秩父市の下久那。公会堂が使われますが、この儀式自体は近くにある諏訪神社の春祭りのひとつ。午前中は諏訪神社で神事が行われますが、午後になると公会堂に場所が移されるのです。

その中では祭壇がつくられ、棺おけが安置され、お葬式そのものといった雰囲気。そこに現れるのは、白装束に身をまとい、三角巾をつけた「死者」、つまり「人身御供」

役の人。この方が**実際に棺おけに入って、「死体」を演じる**のです。「悪疫退散居士」という位牌さえ立てられ、まさにお葬式なのですが……。

僧侶役の人が唱えるお経はめちゃくちゃなもので、打ち鳴らされる鉦や太鼓もファンキーでロックなリズム。死者役の人はむっくりと身体を起こして、お酒を飲みまくり、やはりおかしな調子で楽器とお経に合わせて歌いだすのです。いつの間にか参加者たちも酔っ払い、歌とお経が乱れ飛ぶ有様にみんなで大爆笑。これが秩父に伝わる、日本でも珍しい「奇祭」、ジャランポンです。ほとんどコントのように座は笑いに包まれていきますが、お葬式をモチーフにしていることから「葬式祭」とも言われています。

この騒動がひと段落すると、参加者たちは諏訪神社に向かいます。このときは神社の境内に棺おけを運び込み、死者役が再びその中に入って、皆で無病息災を祈り、ときにはまた歌ったり踊ったりして、お祭りはお開きとなるのです。

神事や葬儀の厳かさがどこにもない、むしろ笑い飛ばすかのようなお祭りなのですが、疫病が流行るなどして死が身近になってしまったら、このくらいの陽気さがないと立ち向かえないのかもしれません。秩父の一角のローカルなお祭りだったジャランポンですが、マスコミに取り上げられる機会も多くなり、観光客が増えているようです。

第四章　暮らしの中の大切なしきたり

作法のしきたり

おじぎ

日本人は、人と会ったときに頭を下げて挨拶をします。おじぎです。この仕草ほど日本人の心持ちを表した習慣もほかにないでしょう。

なぜ頭を下げるのか。そこには、**人体の中で最も無防備な首と頭を相手に見せて、無抵抗であることを示す気持ちが込められている**のです。視線を外すことは、相手を信用していることの表れでもあります。

一方で欧米では握手が挨拶となっています。しっかりと手を結んではいますが、頭は下げず視線を相手から外すことはありません。それに比べると、おじぎはより相手を尊重し、信用する挨拶に感じます。

日本人はとかく「人を簡単に信用する」と、いい意味でも悪い意味でも言われますが、まずこちらが一歩下がって相手を受け入れていく姿勢は、誇っていいものではない

2019年9月のラグビーW杯において、試合後、日本の観客にお辞儀をするニュージーランド代表「オールブラックス」の選手たち。お辞儀は日本における挨拶であると、世界からも認知されている（写真提供：朝日新聞社）

でしょうか。

中国で3世紀に書かれた『魏志倭人伝』の中には、「日本人は道で高貴な人に出会うと、道を空けてひざまずき、頭を下げて挨拶をする」という記述があります。また古代の埴輪からも、おじぎをしているものが出土しています。太古の時代から、日本人にとっておじぎは大切な習慣でした。

その語源は「時宜」ではないかといわれています。「ものごとを行うのにいい時期」を指す言葉です。

やがて「ちょうどいい状況」「適切な挨拶」など、幅広い意味を持つようになり、江戸時代から頭を下げる挨拶を表すようになったと考えられています。

言葉のしきたり

敬称

日本人は人を呼ぶときに、名前に「〜くん」「〜さん」などの敬称をつけます。相手を敬い、気づかうものです。相手や自分の立場、人間関係によってさまざまな敬称があり、日本語の豊かな表現世界を見る思いです。

もっとも一般的なものは「〜さん」ではないでしょうか。これは**「様」がなまったものです**。「様」は、御前様、お内裏様といった、貴族などに使われる敬称でした。**高貴な方の名前をそのまま口にすることは失礼とされ**、例えばその人が働いている内裏という場所を指したり、あるいは「その人の前」という意味の御前様、という言葉を用いたのです。なお「〜ちゃん」は、「〜さん」の子ども言葉です。

直接表現を避けるという考え方は、「殿」へとつながっていきます。宮殿、神殿、殿堂など、「殿」は大きな建物を表す言葉ですが、そこに住んでいる人を示す敬称へとなっ

ていきました。やがて普通の人に対しても使われるように変わっていきます。

現在では「ちょっと堅苦しいのでは」と使われることがやや減ってはいますが、それでもオフィシャルな手紙や文書などではまだまだ広く目にします。「〜どの」は、この「〜どの」がなまったものです。

「〜くん」は、「君」と書きますが、この言葉は「君主」などに使われている通り、身分の高い人を表しています。これが時代の移り変わりとともに友人同士での親しい敬称になりました。「〜くん」はかつて「僕」とともに使われることが多かったといいます。

「僕」は「下僕」などの表現もありますが、自らへりくだった一人称。この「きみ」と「僕」を使って相手への敬意を表したのは意外と遅く、江戸時代のこと。それも幕末に活躍した志士のひとり高杉晋作が使いはじめ、広まっていったという説もあります。

夫婦の間で呼び交わされる「あなた」「おまえ」も敬称です。「あなた」は、「あちらの方角」を指すもので、これもまた直接表現を避けたもの。「あちらにいる、遠く、高貴な人」というほどの意味です。そして「おまえ」は御前様が略されたもの。どちらも相手を思いやる言葉で、これも江戸時代あたりから使われてきたようです。「おまえ」という呼び名からは時代遅れの亭主関白を想像してしまいますが、実はしっかりとした敬称なのです。

言葉のしきたり

「お」と「ご」

日本語では、ものを言い表したり状態を指し示すときに**「お」**という接頭語をつけて、ていねいさや尊敬の気持ちを込めます。お父さん、お母さん、お水、お花、お米、お名前、お金……。また動作にも取り入れられて、謙譲語や尊敬語をつくっています。お伝えします、お送りいたします、お願いいたします……誰もが日常的に使っていることでしょう。

もうひとつ接頭語には**「ご」**があります。ご挨拶、ご住所、ご祝儀、ご迷惑……こちらも私たちの暮らしの中に溶け込んでいます。

どちらも、そのもととなっているのは**「御」という文字**です。代表的な読み方である「おん」がなまって「お」に、「ぎょ」がなまって「ご」になったといわれています。

この字は、御する、つまり馬などをうまく制御し、操ることを指しています。御者と

「お」がつく言葉

【例】お米、お届け、お返し…　➡　和語、訓読み
　　　　　　　　　　　　　　　　　　につける

「ご」がつく言葉

【例】ご確認、ご立派、ご注文…　➡　漢語、音読み
　　　　　　　　　　　　　　　　　　につける

例外

【例】ごゆっくり、お食事、お天気…　➡　例外 **多**
　　　　和語　　　漢語　　　漢語

「お」がつく言葉と「ご」がつく言葉の使い分けは、
基本的なルールはあるものの例外が多くむずかしい。

いう言葉もここから来ています。これが転じて、世を治めていく人を表すようになっていったといわれます。

この「御」をさまざまな言葉につけて、ていねいな表現にすることが流行ったのは、**室町時代のこと**だそうです。当初は宮中に仕える女性たちの間で使われていたもので、より優美な言葉遣いとされたのです。

「御」はまた、「み」とも読みます。こちらのほうが古い読み方のようです。敬語はいくつも重ねるほど良いという考えもあり「御御足」（おみあし）だとか「御御御つけ」（おみおつけ、味噌汁のこと）なんて言葉も派生しました。

こうした言葉の使い方は、日本語特有のものだといわれます。

言葉のしきたり

敬語

どんな言語にも「敬語」はあるものですが、日本語はとりわけこの表現が豊富で、さまざまな感情を表すことができるといわれています。

日本語では敬語は大きく3つに分かれています。まず、**相手そのものや行為に対しての敬意を表す「尊敬語」**。「言う」という言葉の尊敬語は「おっしゃる」になります。「お」や「ご」を頭につけるのも尊敬語にあたります（→P114）。

そして**「謙譲語」は、自分がへりくだることで、相手の立場を持ち上げて敬うもので**す。「言う」は謙譲語だと「申す」「申し上げる」「申し上げます」となります。

最後に**「丁寧語」は、言葉をやわらかく変化させるもの。**「言う」は「言います」となります。丁寧語はふだん、もっともひんぱんに使う敬語かもしれません。

この3つの基本形から、さらに分岐・派生していった敬語ですが、そのルーツは神

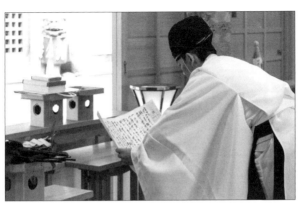

祝詞を奏上する神職

代の時代にまでさかのぼるという論があります。

古代の神社で、神さまを祀る神事が行われていたその舞台で使われていた呪文……つまり**祝詞こそが、敬語のもとになっている**という考えです。

畏れ多い神さまに対して呼びかけ、称え敬い、豊穣や平和を祈願するのですから、言葉もそれにふさわしい装飾や変化が必要だと考えられたのです。祝詞は宮中の言葉と交じり合い、やがて簡略化されて敬語となっていきます。

相手を敬うだけの表現はやがて洗練され、へりくだるという謙譲語の考えが出てきたのは平安時代といわれます。

祝福の挨拶

言葉のしきたり

これまでたびたび述べてきましたが、日本人は言葉に魂が宿ると考えてきた人々です。お互いに良い意味の声をかけあうことで、相手にも幸せが訪れる、いいことがある……そう考えたのです。

これを言霊といいます。

だから**日本人の挨拶それ自体が、祝福の言葉になっている**のです。

1日のはじまりには「おはよう」と言いあいますが、これは「お早くお起きになりまして、ご健康なことでおめでとうございます」という意味です。相手の幸福な1日をお祝いしているのです。

「こんにちは」は、「今日は良い日ですね」「今日はご機嫌いかがでしょうか」という日中の呼びかけのうち後半が略されていったもの。同様に「こんばんは」も「今晩は良い夜ですね」「今晩もなにごともなくお過ごしですね」という夜の挨拶から生まれました。

「こんにちは」と「こんにちわ」の表記

「こんにち**は**」

正しい表記
語源にのっとる書き方

「こんにち**わ**」

本来は誤った表記だが、
「わ」にやわらかい雰囲気があるとして
あえて使う人も多くなった

近年どちらも見かけるようになった「こんにちは」と「こんにちわ」という
表記の問題は、語源を考えると「こんにちは」が正しい

　「ありがとう」は「有難う」と書きます。「有ることが難しい」わけですから、なかなかありえない幸運に恵まれたと、喜びを表現している言葉なのです。これほどめったにないことが起きるなんて、神さまのお力に違いない……そう使われていたものが、やがて人への感謝の言葉に転じていったのです。

　「おかげさま」にも、目に見えない蔭で神さまや人々が助けてくれたに違いない、いま自分があるのは誰かのおかげ、という思いからきた挨拶です。

　人や世界に対する思いやりや感謝が、日本人の挨拶には息づいているのです。

言葉のしきたり

食事時の挨拶

食事の前の挨拶「いただきます」。手を合わせて、自らの命をつくってくれる食べものに感謝をする言葉ですが、語源は『頂』だといわれています。

その昔、神さまにお供えしたものをもらうとき、あるいは**高貴な人からなにかものを受け取るときには、それを頭の上に乗せて掲げる**習慣がありました。頭の上、つまり頂です。このことから、食事をしたり、ものをもらうことの謙譲語として「いただく」という言葉が使われるようになったそうです。

これは、神さまや位の高い人への感謝の気持ちだけではありません。食卓にはたくさんの「命」が並んでいます。野菜や肉、魚、穀物……私たちと同じ命を持った生き物を食べて、誰もが生きているのです。だから、これから口にして、血肉となってくれる命に対して「いただきます」と手を合わせるのです。

そして食後の挨拶「ごちそうさまでした」にも、やはり大切な意味があります。これは漢字では「ご馳走様」と書きます。「馳走」とは、走りまわることを指しています。知人をもてなし、おいしいものを食べて楽しんでもらうには、ときには走りまわって準備することも必要でしょう。そしてひとつのお膳は、そのほかにもたくさんの人たちが走り回ったからこそ成り立つものなのです。

お米や野菜をつくる農家の人々、漁師、品物を取り引きする業者、八百屋や肉屋やスーパーマーケットの店頭で働く小売業、そして料理をつくってくれる人……。こうしておぜいの人が「馳走」してくれたことに感謝をするために、食べ終わったあとには「ごちそうさまでした」と言うのです。

食事のときのこのふたつの言葉も、また日本語独特のもの。外国人にはなかなか理解ができないといいます。しかし日本でも、感謝の意味で広く使われていたとはいえ、食事の前に皆で「いただきます」と言う習慣ができたのは昭和になってからといわれています。近代化政策の中で学校給食が普及し、その場で広まっていったという説があります。やがて子どもたちは家庭でも言うようになり、いまに至っているのです。

作法のしきたり

もったいない

私たちが「もったいない」というとき、そこにはさまざまな意味が込められています。

「まだ使えるのに、むだにしてしまった」「ものを粗末に扱ってしまい、罪悪感を覚える」「倹約しなくちゃならない」「私には分不相応です」……。

食事を残したり、なにかを捨てたりするとき、粗末にしてしまったものだけでなく、世間や自然、社会に対してどこか居心地の悪さや申し訳なさを感じている……そんなところまで含めての「もったいない」ではないでしょうか。

「もったいない」は、漢字では**「勿体ない」**と書きます。「勿体」がない状態を表しているのですが、では「勿体」とはいったいなんでしょうか。

この言葉はもともと仏教用語で**「ものの本質」「本来あるべき姿」「重要なところ」**などという意味。「物体」が略されたともいわれます。ここから転じて「重々しく立派な態度」

「風格や品位があること」を指すようにもなっていきました。「もったいをつける」「もったいぶる」という言葉もあります。

そんな「勿体」が「ない」わけですから、**「妥当ではない」「自然の姿ではない様子を嘆く」「粗末に扱われていて惜しい」**という意味に展開されていき、いまに至っています。「勿体がある」状態、つまり本来あるべき調和した「和」への思いが含まれています。

この言葉は、ケニアの環境保護活動家で、ノーベル平和賞を受賞したワンガリ・マータイさんによって、世界にも広められました。「もったいない」は Reduce（消費やゴミの削減）、Reuse（資源の再利用）、Recycle（再資源化）という環境活動の「3R」に加え、地球に対する Respect（尊敬）を包含している、日本語にしかない言葉だと絶賛、環境を守る「MOTTAINAI キャンペーン」を世界的に展開しています。

作法のしきたり

しつけ

「しつけ」とは、各家庭で行われる、子どもに対する最初の教育です。どんなに豊かな家庭でも貧しい家庭でも、身分の差もいっさい関係なく、親は子どもをしつけるものです。言葉の使い方、礼儀作法、社会でのふるまいかた、人として大事なこと、守るべきこと……。それは知識や技術とは違う、生き方の基本となる心構えです。

この言葉は、庶民の地道な暮らしの中から生まれました。「**仕付**」という漢字が当てられていたそうです。

例えば農作業では、畑に種をまいたり、田に稲を植えたりといったことを、作物の仕付といいました。**命を育んでくれる作物を育てる、その最初の作業。**それがどれだけ大事かは、人間の場合でも同じことでしょう。

また着物を仕立てるときに、縫い目や折り目などがいびつにならないよう、型崩れし

手洗いを教わる子ども

ないように、目印のように縫いつけられた糸のことを、仕付糸といいます。**ひとつの着物をつくっていくときの目安、道しるべでもあります。**

この仕付糸は、着物ができあがって、実際に着る前に取るものです。これは、しっかりとしつけられた子どもが巣立っていく様子を表してもいるのです。

ものごとの基礎をつくっていく仕付。やがて子どもを教育することに対しては「躾」という文字があてられるようになります。社会の中で、「身」を「美」しく立てる、という意味です。

祝い事のしきたり

万歳

日本人はお祝いごとが大好きな人々です。お祭りやなにかの記念日だけでなく、さまざまな場面で喜びを表現してきました。結婚式、スポーツなどの大会で勝ったとき、入学や入社のお祝い、あるいは誰かの送別にあたって、門出を祝い……。

そんなときに、よく見られるもののひとつが「バンザイ」です。みんなで両手を挙げて「バンザーイ！」と叫び、喜ぶ一体感は、日本独特のもの……とも思われますが、**実は中国に源流があります。**

「バンザイ」とは漢字だと「万歳」と書きますが、それはそのまま「万の歳」を意味しています。古代中国で、皇帝が万年も長生きするようにという願いを込めて「千秋万歳」と祝ったそうですが、ここから取ったものなのです。かの司馬遷が紀元前1世紀に編纂したという歴史書『史記』にも、たびたび「万歳」という言葉が登場しています。この

ときからすでに、**皇帝の長寿祈願というだけでなく、広くお祝いの気持ちを表す言葉として使われていた**ことが記されています。

中国の文化や考え方が、同じ漢字文化圏にも伝わっていったのが古代から中世にかけての時代。「万歳」もまた、当時は漢字を使っていたベトナムや、朝鮮半島、そして日本にも広まっていきます。ただ日本ではまだ「まんざい」と読んでいました。

それが「バンザイ」と読み、快哉（かいさい）するようになったのは、明治時代のこと。**1889（明治22）年2月11日**でした。この日は、大日本帝国憲法が発布される記念日だったのです。これを祝う行事にあたり、**明治天皇にかける祝いの声として「万歳」が選ばれました**。ただ「まんざい」では力強さに欠けるとして、漢音の「ばん」をあてて、バンザイとしたのです。これを3度、叫んだことから「万歳三唱」の習慣が広まったそうです。

こうした経緯から、一般参賀など天皇の祝賀行事のときに万歳三唱する習慣ができました。そんな政治的側面もあって、現在でも例えば選挙の当選のときや、あるいは衆議院の解散のときなどにも、万歳三唱をするようになりました。これがいつのまにか、一般層にも伝わり、いまに至っているのです。

祝い事のしきたり

胴上げ

お祝いの表現といえば、胴上げもおなじみの光景です。野球などのプロスポーツで、優勝したときや、偉大な選手の引退のときなどには、必ず胴上げが行われるものです。

一般的にも、入学試験に合格した人や、結婚式で新郎を胴上げすることがあります。

その起源には諸説ありますが、**長野県の古刹・善光寺**が発祥ではないか、ともいわれています。善光寺では毎年12月になると、年越しのさまざまな儀式が執り行われていきます。これを取りしきっていくのが、**堂童子**（どうどうじ）という役の僧侶です。一連の儀式では、12月の2番目の申（さる）の日に催される御越年式（ごえつねんしき）で、年越し行事でもとくに重要と言われています。

夜を徹して行われる法要や、魔除けの儀、本尊へのお供え、祝いの膳などのあとに、「堂童子渡しの儀」となります。これは、堂童子の役目を、次の僧侶に引き継ぐというもの

です。そして最後に、堂童子の胴上げがはじまります。「わいしょ、わいしょ」のかけ声のもと、**堂童子は天高く打ち上げられていきます。**

このとき、堂童子がその身体を地面につけないことが、なにより大切なのです。**地面に足をつけていない状態は、つまりこの世のものではない、神聖な存在であることを表しています。**これは、やはり祝いのときに行われることのある肩車にも共通した考えであるようです。そして胴上げされる者の穢れを祓うという意味もあるのだとか。

また新潟県では、厄年の男性や前年に結婚した男性を胴上げする風習があります。胴上げとはもともと、神事のお祓いなのです。

1985年、大関に昇進し、部屋の若い力士に
胴上げされる大乃国（現・芝田山親方）
（写真提供：共同通信社）

作法のしきたり

正座

ひざをそろえて折り曲げ、その上にお尻を乗せて座る……これを「屈膝座法（くっしつ）」といいます。日本人がかしこまるとき、姿勢を正し礼を大事にするときの座り方で、いわゆる「正座」です。

日本人独特の、伝統的な座り方のように考えられていますが、**正座が広まったのは意外に近年で、江戸時代のことではないか、といわれています。**

それ以前、一般的だったのは「あぐら」でした。あるいは片ひざを立てる座り方。いまではなんとなく失礼さを感じてしまうスタイルですが、当時はそれでよかったのです。

正座は神さまに祈るときなどに用いられた、特殊な座り方でした。「かしこまる」「つくぼう」などと呼ばれていたそうです。しかし、日常生活はあぐらがふつうで、その時代の生活着であった袴や、十二単などがゆったりとつくられているのも、**あぐらや立てひざで座ることを考えられていたからだといいます。**

変化をもたらしたのは、室町時代に戦国武将たちの間で流行した茶道でした。茶の世界とより深く対峙するという意味もあり、茶室は意図的に小さくつくられていました。そこに男たちが何人も入り込めば、当然きゅうくつです。そこで**茶室では、スペースを取るあぐらではなく、正座で座るようになった**のです。

正座にはもうひとつ、意味が込められていました。あぐらや立てひざよりも、正座は立ち上がるためにいくらか手間を要します。それが相手に対して敵意のないことを示す座り方だと考えられたのです。

正座は茶室の作法というだけでなく、やがて食事のときの正しい座り方として、武家から一般層へと広まっていきます。この時期、畳が普及していったことも影響していたようです（→P140）。板張りでは正座はひざが痛くなってしまいますが、やわらかい畳なら問題はありません。

もうひとつ説があります。江戸時代、参勤交代のために全国から大名が江戸にやってくるようになりますが、彼らが将軍と拝謁するときに、正座をすることが義務になったというものです。将軍を権威づけるためでした。この慣習を、大名たちは自分の故郷に持ち帰り、そこで広まっていったといわれます。

その後、明治時代の修身教育で、正しい座り方として定義され、いまに至っています。

作法のしきたり

上座と下座

お客さまや上司と一緒にどこかお座敷に入ったとき、日本人ならとっさに意識することがあります。「どこが上座で、どこが下座なんだろう」。目上の人をしかるべき場所に案内し、自分は下座に座る。でないと、なんとなく落ち着かないものではないでしょうか。

相手を敬い、自らの立場を弁えてふるまうことは、日本人の暮らしの基本だからです。

この考えのもとになっているといわれているのは、日常や冠婚葬祭、儀式まで、さまざまな場面での礼儀を解説した『礼記』です。はるか2000年以上前、中国の前漢時代に成立した書物です。その中に「左側が上座である」という記述があるのです。

なぜ左なのかといえば、それは心臓のある位置だから。また北を背にしたとき、太陽が昇ってくる東は左であり、やはり左側が尊ばれるようになります。ここから「左上右下」という考え方が生まれました。並んで座るときは、左側が上座なのです。

さまざまな空間における上座と下座

またお客さまにお茶やお菓子など
をすすめるときは、右側から、つまり
下座から差し出すこともマナーです。

和室の場合は、床の間にいちばん近
い席が上座になります。床の間とはも
ともと、**僧侶が仏画や花を飾って、祈
るための空間**でした。だから床の間を
背にした場所が上座になるのです。そ
して出入り口に近いほうが下座です。

床の間がない部屋や、洋室の場合で
も、出入り口からもっとも遠い場所が
上座ということになります。

また部屋によっては、庭などの眺望
がいいところが上座になることもあり
ます。自分が座るべき場所を、ぱっと
把握できるようになりたいものです。

作法のしきたり

右と左

どこが上座か下座（→P132）か。それは部屋の配置のほかに「左右」によって決まってきます。心臓がある左側、北を背にすると太陽が昇る**左側が、より上位とする考**えがあるのです。

この左上位は政治の世界でも見られました。朝廷の高級官職である太政官も、**右大臣より左大臣のほうが上と位置づけられていました。**

また和食の配置も同様です。ご飯茶碗は自分から見て左に置くものです。右側には味噌汁などの汁ものでしょう。日本人の主食であり、さまざまな文化を生んできたお米をより大切にしなくてはならないという考えから、格上である左側に配膳するのです。

加えて、右利きであればこのほうが食べやすいことはいうまでもありません。左手で茶碗を持って、右手の箸を使う。それが正しい和食の姿です。なお左利きでも配置は変

わりません。　逆向きに並べるのは死者の膳だけです。　左利きの人も食事のときだけは右手で箸を扱えるようにしつけられるものです。

ご飯茶碗だけでなく、魚も頭のほうを左に持ってきて食卓に並べます。　尾ひれが左側にあれば、きっと違和感を覚えるでしょう。

武家社会でも左側が優先されました。　江戸時代の武士たちは、通りの左側を歩いたのです。　なぜなら左の腰には刀を差していたからです。　もし右側通行だったら、狭い道をすれちがうときに刀同士がぶつかってしまいます。　これは武士にとっては失礼なことに当たりました。　そこで自然発生的に、左側を歩く習慣ができて、定着していったようです。　いまの日本も自動車は左側通行ですが、これがルーツだという説もあるのだとか。

また、ドラマなどでよく武将が盃を手にお酒を飲んでいるシーンが出てきます。　これをよく見ると、ほとんどが左手で盃を持っているのです。　というのも、お酒を楽しんでいるときも常在戦場が武士の心得。　いざなにかあったときにすばやく刀を抜けるように、右手は空けておくものでした。　現在、お酒が大好きな人のことを左党といいますが、この盃の持ち方に由来があるのです。

こうして左が優先されることの多い日本社会ですが、右が上位のものもあります。　相手から見て左側のえりを上にして着ることを左前といって、非服の身だしなみです。　和

江戸時代の町を歩く武士。厳密な左側通行ではないが、
刀を腰に差した武士は左側を通行している（『江戸名所図会7巻1』）

常に良くないものとされているのです。

和服を着る機会が少なくなった現在では、間違ってしまう人もいるようです。通常は**右前**です。

どうしてNGなのかといえば、左前は死装束だからです。死者にはこの世とは反対の姿をさせて、あの世に送り出すきたりです。だから生きている人間は右前で着るものとされました。

ではなぜ、右前が生者のものとなったのか。古墳時代の埴輪を見ると、右前も左前も入り混じっています。服装のタブーはなかったようです。その後の奈良時代に、中国から入ってきた概念と考えられています。

中国の歴代王朝は、北方からたびたび

攻め入ってくる匈奴のような異民族に悩まされていました。そのため、万里の長城を築いたのです。

彼ら北方の異民族は、おもに狩猟によって生活の糧を得ていました。草原を駆ける獲物を仕留めるため、馬に乗り、弓を巧みに使ったのです。この弓矢の技術を駆使して北方を駆け巡った彼らは、服装にもそれを反映した特徴がありました。彼らもやはり左右を合わせるタイプの服をまとっていたのですが、「左前」にしていたのです。もし「右前」にすると、射かけるときに矢がえりに引っかかってしまうからです。そこで「左前」が主流となっていったと考えられています。

つまり、**「左前」とは、古代中国の人々にとって忌むべき侵略者、死をもたらすもののイメージ**なのです。それが日本にも輸入されて、定着していきました。

私たちの生活のさまざまな場面で現れる「右と左」のしきたりにも、深い歴史があるのです。

作法のしきたり

水引

なにかお祝いごとがあると、私たちはご祝儀袋を用意します。これは、水引というひもで飾りつける慣わしです。水引は和紙からつくられていて、のりで固めたものです。

ここに金や銀など色とりどりの薄紙を巻きます。

どうして贈り物を水引で巻くのでしょうか。諸説ありますが、これは「注連縄（しめなわ）」と同じだという考え方もあるようです。神社などで聖域を区別する注連縄のように、**贈り物を、またそれを送る相手を災厄から守るもの**なのです。結界の一種といえるかもしれません。

また、7世紀初頭に遣隋使として中国に派遣された、かの小野妹子がルーツという話もあります。彼が帰国したときに、同道してきた隋の使者が持っていた贈り物が、紅白の紐で飾られていたというものです。これを見習い、贈り物を紐で結んで飾る風習がで

花結び

結び切り

あわび結び

※「あわじ結び」ともいう

水引の本数は
５本が一般的。
粗品などは３本、
大切な贈り物なら
７本や10本に。

さまざまな水引の結び方

きたのだとか。

水引の結び方にもいろいろありますが、代表的なものは２種類。見た目から「蝶結び」や「花結び」と呼ばれる結び方は、かんたんにほどけるもの。つまり何度も結びなおせることから、何度あっても良いお祝いごとに使われます。出産やお礼などです。

「結びきり」「あわび結び」は、一度結んだらほどけないもので、結婚や快癒祝いなど、２度は繰り返さなくていいときに用います。

水引は葬儀などの不祝儀袋にもかけられますが、弔事も「結びきり」「あわび結び」になります。

色合いも大事で、お祝いごとには紅白、結婚式は金銀、そして弔事では白黒や白一色が使われます。

作法のしきたり

畳と敷居

畳は日本独特の敷物です。一般的には、わらを重ねてつくった畳床に、いぐさで編んだ畳表をつけたもの。四方の辺には、装飾と縫製を兼ねて畳縁を施します。

原始的な畳は、草やわらを編んだだけの簡素なものでした。厚さはなく横になれば身体は痛かったでしょうが、そのぶんかんたんに折り「畳めて」持ち運べる利点はありました。これを語源として、「畳」と呼ばれるようになっていったようです。

やがて平安時代になると、製法の技術も上がり、現在の畳に近いものがつくられるようになっていきます。それでもいまと違って、座る場所だけに広げてマットやクッション感覚で使っていたそうです。

部屋いっぱいに敷き詰めるようになるのは、室町時代に入って、武家の間で「書院造」という建築様式が普及してからのこと。 書斎兼居間を中心としたつくりで、襖や障子で

細かく間仕切りをしていた点が特徴ですが、こうして分けられた部屋には畳が敷かれるようになったのです。加えて、茶道の普及も大きく影響しました。茶室には畳が敷かれることが多かったのです。茶道とともに、礼儀としての正座（→P130）が大事にされるようになり、柔らかく座りやすい畳はこれに合うものとして好まれました。

こうして日本人の暮らしの中に溶け込んでいった畳ですが、その普及はひとつの考え方につながっていきました。

子どもの頃に「畳のふちを踏んではいけない」「畳のふちを踏むと罰が当たる」などと言われたことがないでしょうか。

日本人はもともと、聖域を注連縄でくくって区別したり、神籬（ひもろぎ）を立ててそこを神さまの宿る依代（よりしろ）としたり、**区切ることに大きな意味を見出してきた**人々です。そして畳も同様でした。橋を、あの世とこの世との境界線に見立てる考えも古くからあります。

家の中を区切る畳は、主人と家人、あるいは客との座る場所を区別する境目でもあったのです。これは茶道ではとりわけ重視され、客と主人の位置はきっちりと分けられていました。畳のふちはその目印でもあったので、踏むことは憚られました。

それに畳縁には、紋縁（もんべり）といわれる家紋を編みこんだものもあり、これは武家や商家で好まれました。**家紋が入っているわけですから、踏めばもちろん失礼に当たります。**

畳のふち

加えて実用的な意味もありました。**ふちは畳の構造をまとめている場所でもあるため、傷みやすい**のです。少しでも大事に使わなくては、という発想から、畳のふちを踏むことを戒めたのです。

もうひとつ、家の中で踏んではいけない場所……それが**敷居**です。これは境目そのものです。部屋と部屋を区切るだけでなく、家の外を内とを分けてもいます。だから家そのもの、あるいは家の主人を表す場所であるとも考えられました。敷居を踏む行為は、紋縁を踏むことと同じで、主人や家の先祖をも侮辱するものなのです。敷居はすなわち家であり、失礼のないようにその家に入ることを「敷居をまたぐ」というわけです。

敷居や畳を境界として、あっちとこっちは

違う世界。内と外、聖と俗など、日本人は一線を引いて世界を区別してきました。そして、そこを越えていくときには、ひとつ緊張をして、気構えをしたのです。

知人の家、会社、取引先……いくつもの境界を越えていく現代の生活でも、「越境」のときにはちょっとだけ心を落ちつけて、身を整える。そんなことも大切だと教えてくれているのかもしれません。

作法のしきたり

義理

日本人が大切にしてきたモラルのひとつに「義理」があります。これは日本人のほとんどがかつて所属していた、農村社会の中で生きていくための規範でもありました。

農作業や、村全体で行われる祭りなどの年中行事、冠婚葬祭、日々のつきあい……こんなひとつひとつに顔を出し、お互いに協力し、個ではなく家として、共同体として生活にあたっていく。**科学技術が進んでおらず、個人では暮らしていけなかった時代、人々は力を合わせて生きていく必要があった**のです。

もとになっているのは儒教の教えです。かつて孔子は、人の世で生きていくにあたり、大切にしなくてはならない5つの考えがあると諭されました。それが、仁・義・礼・智・信の五常（ごじょう）（あるいは五徳（ごとく））です。

このうち、**「義」とは、人が守るべき道理のこと**。自らの利害利益ではなく、人のため

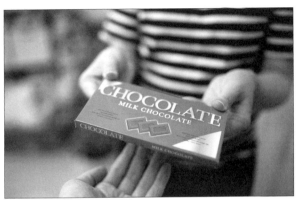

義理チョコも「仕方なく」で渡すことが多いもののひとつ。
身近にいる大切な人への、ちょっとした気づかいとして活用したいものだ

に尽くせる心。こんな考え方が、海を越えて日本に入ってきたのです。そして農村の共同体と結びついていき、義理という概念になっていきました。

現在では「やりたくはないけれど世間体もあるので仕方なく」といった意味でも使われています。昔ながらの共同体社会が崩壊しつつあるからです。

それでも、ご近所だとか親戚、友人に対するちょっとした気づかいや親切を大事にしてみてはどうでしょうか。昔のような強固なおつきあいでなくても、お互いにささやかに気を使い合うことも「義」なのです。そうすることで、きっとより居心地のいい環境になるはずです。

第五章　しきたりと共にある身近なもの

食べ物のしきたり

お茶

日本人の国民的飲料ともいえる、お茶。私たちはおもに緑茶を飲んでいますが、烏龍茶や紅茶などを飲む国も多く、世界各地で愛好、栽培されています。**原産は中国**といわれ、紀元前2世紀の書物にはすでに記述が見られます。

日本にお茶が伝わったのは平安時代のことといわれます。9世紀初頭、遣唐使の一行の中には仏教を学ぶために留学に赴く、空海や最澄の姿がありました。彼らは帰国時に、**大陸の妙薬としてお茶をお土産にした**のです。

鎌倉時代には、臨済宗を開いた栄西が、当時の宋からお茶の種を持ち帰ってきます。これを日本各地に植え、お茶の本格的な栽培がはじまりました。その場所のひとつが、京都の宇治（うじ）だと伝えられています。栄西はまた、日本初のお茶に関する書籍『喫茶養生記』を発表し、お茶の効能や製法について記しています。

江戸時代前期の吉原・大門口を描いたもの。中央奥に上がり口で
お茶を楽しむ男女の姿がある（『吉原恋の道引』菱川師宣／1678年）

こうしてお茶は日本中に広まっていきました。喉を潤すため、気持ちをほぐすため、また薬用として、ときには濃厚に煮出して眠気覚ましにも用いられました。

やがて室町時代に入ると、茶道が好まれるようになります。**お茶を嗜むという時間・空間の中で、調和や風雅を追求するひとつの芸術として昇華していくのです。**この世界を完成させたのは商人でもある茶人・千利休（せんのりきゅう）といわれます。そしていまの日本人にも通じる礼儀や作法、和のさまざまなしきたりが、茶道を通じて生まれました。

人をほっと和ませる、お茶のひとときは、暮らしの中で忘れたくないものです。

食べ物のしきたり

和菓子

デパ地下や洋食店、和菓子屋、街のコンビニに至るまで、私たちはいま本当に多種多様なスイーツに囲まれています。和洋さまざまで、味のレベルは年々、確実に上がっており、やみつきになっている人もきっと多いことでしょう。

そんな**スイーツの原型は、野山になる果物だった**といわれています。文明のあけぼの、ようやく穀物の栽培が始まったころのこと。日本人は稲や粟をつくり、獣や魚を追う、シンプルな食生活を送っていたと考えられています。そんな暮らしの中、自然になった果物や木の実を口にしたとき、その甘さにきっと驚き、感動したことでしょう。桃や栗、柿、苺……。砂糖というものがなく、調理の技術もまだまだ発達していなかった時代、甘みは人類を魅了する味覚だったのです。

野生の果物を食べることは、間食のはじまりでもあったでしょう。生きるだけで精いっ

ぱいだった時代にも、人々はより甘やかなものを求めたのです。いまでも果物のことを「水菓子」と表現するのは、その名残りではないかと考えられています。

やがて日本人は加工技術の進歩から、穀物や、どんぐりなどの木の実を粉にして丸め、団子や餅をつくるようになります。これらは日本初の加工食品でもありました。

さらに甘葛（あまづら）というツタを煮込んだものから甘い汁を取り出し、使うようになります。また発芽させたお米からデンプンを糖化させて甘味をつくりだします。日本最古の「飴」といわれ、『日本書紀』にも記述が見られます。

苦心して「甘み」を求めた日本人は、遣隋使や遣唐使でさまざまな技術を得ることになります。遣唐使で中国に渡った貴族、栗田真人（あわたのまひと）は、７０４（慶雲元）年の帰国時に唐の菓子をたくさん持ち帰ってきました。これらは唐菓物（からくだもの）と呼ばれ、その中にはいまでも食べられているちまきやおこし、そして煎餅（せんべい）の原型ともいえるものもあったのです。

中国からもたらされたのは菓子だけではありませんでした。砂糖も輸入されてきたのです。時代が進むにつれて製糖の技術も磨かれ、日本独自の発想も加わり、「和のスイーツ」は発展を見せていきます。

鎌倉時代以降は、お茶（→Ｐ１４８）が普及していきます。その渋みと深みとを、一緒に楽しめる菓子がつくられるようになっていったのです。「喫茶」という文化のはじ

現在、一般的に食べられている和菓子の練り羊羹。
江戸時代後期に練り羊羹が誕生するまでは蒸羊羹が主流だった

まりでした。代表的なものが、**羊羹**でしょう。その名前の通り、もともと羊の肉と黒砂糖を使った料理でした。日本では羊がいなかったため、かわりに小豆などを使ってつくられました。

大航海時代になると、ポルトガルやスペイン、オランダといったヨーロッパの国々から、洋菓子が入ってくるようになります。南蛮菓子と呼ばれた、カステラ、ボーロ、金平糖、ビスケットなど、日本にはないレシピも、日本人はどんどん取り入れていきます。

江戸時代も後期になると、和洋中のエッセンスが見事に融合し、いま私たちが楽しんでいる和菓子が生まれたのです。

和菓子には、日本らしい四季のうつろいが込められています。桜のころ、月見、紅葉

……それにふさわしい色合いや、旬のものを使った菓子が街を彩ります。

たとえば、お彼岸のお供えものである、おはぎもぼたもちも、同じ食べものです。し

かし、春のお彼岸のころに咲く牡丹から「牡丹餅（ぼたもち）」、秋のお彼岸のときは萩

の季節ですから「お萩（おはぎ）」と呼びわけるのです。

おいしさとともに、風流もいただく。それが、日本のスイーツなのです。

食べ物のしきたり

おにぎり

お弁当の定番、おにぎり。お母さんが毎日のようにつくってくれたもの、コンビニでの日常食、遠足の思い出……日本人にとって、おにぎりはまさにソウルフードといえるのです。

その起源は、弥生時代にまでさかのぼるといわれます。石川県のチャノバタケ遺跡からは、弥生時代中後期の住居の跡や当時の生活用具などが発掘されましたが、その中に**炭化したお米のかたまり**もありました。詳しく調べてみると、人の手によって握られたものだとわかったのです。これが日本初のおにぎりだといわれています。稲作が始まったばかりの弥生の頃からすでに、日本人はおにぎりを食べてきたのです。

おにぎりが文献に登場してくるのは平安時代のこと。その当時は**「屯食（とんじき）」**とか**「包飯（つつみめし）」**という名で呼ばれています。当時の貴族たちが、儀式や宴会のときなどに庭先に台

をめぐらせ、その上にこの屯食を乗せて、下々の者たちにふるまったそうです。お米を握って、丸い卵のような形にしていました。ただ、1合半ものお米を使っていたというから、その大きさはかなりのものでした。

同じスタイルの丸いおにぎりを、行軍のときの携行食としていたのが旧日本軍です。やはり大きなおにぎりを各自が持っていました。

その頃は、たんに握るか、あるいは焼くかするだけで、現代のように海苔を巻くものではありませんでした。というのも、海苔は製法がまだ確立していなかったからです。江戸時代には浅草で海苔の養殖が進み、浅草海苔として名物になりますが、これも手間と時間がかかり、しかも収穫は安定しませんでした。

そのため高価なもので、とてもおにぎりに巻いて日常的に食べるものではなかったのです。いまでも贈答品として海苔が好まれているのは、こんなところに理由があるようです。

藻類学者ドリュー＝ベーカーが、海苔の生態を解明し、うまく養殖する方法を考えだしたのです。彼女はこのことを、日本の学者に伝えました。1947（昭和22）年でした。

イギリスの女性海苔の安定生産に大きく貢献したのは、実は日本人ではありません。

それは第2次世界大戦が終結して、たった2年後のこと。敗戦後の日本が食糧難にあえ

粒が手にくっつかないこともあって、おにぎりには欠かせない存在となり、いまに至っています。

ところで、屯食の頃は丸かったおにぎりですが、なぜいまは三角形が多いのでしょうか。これには諸説あります。

まず、山を模したというもの。古代の日本人にとって、山は神さまそのものでした。そんな山に見立ててお米を握り、神社とはもともと山を祀ったものだともいわれます。……だから三角形であり、この形状のものは「神さまの力が神さまにあやかろうとした身体の中で結ばれる」の意から、「おむすび」と呼ばれるようになったのだとか。「おに

ドリュー女史（1901-1957）

いでいることを知ったドリューは、少しでも食料増産の助けになればと、かつての敵国に養殖の技術を授けてくれたのです。

これがきっかけで、1960年頃から、日本では海苔が一般的な食材となっていきました。独特の風味がお米に合うこと、海苔が巻いてあればご飯

ぎり」のほうはもちろん、「握り飯」から来ています。

だから「おにぎり」という場合はどんな形でもいいけれど、おむすびというなら三角形であるべし、というお話なのですが、呼び方は単なる地域差だとも。おむすびと呼ぶのは関東や東海地方で、あとはおにぎりが一般的ですが、そこに大きな意味はないという意見もあります。

童話がもとである、という説もあります。明治維新ではさまざまなものや考え方が改められ、一新されましたが、そのひとつが教育です。小学生が学ぶ新しい国定教科書には、童話「さるかに合戦」が収録されていましたが、そのイラストの中に描かれたおにぎりが三角形だったことで、日本中に広まっていったのだとか。

単純に「三角形のほうが食べやすいからだ」という説がもっとも説得力があるように も思います。それにおにぎりといえば、軍の糧食から遠足のお供にいたるまで、携行食として親しまれてきました。ボールのようなまん丸いものよりも、三角形を組み合わせてパッキングしたほうが、はるかに持ちやすくかさばらないのは当然です。

コンビニなどの食品工場では、型を使っておにぎりを大量生産していきますが、これもやはり三角形のほうが効率が良い。このあたりにも理由がありそうです。

食べ物のしきたり

寿司

寿司は、私たちの食生活にすっかり浸透した、日常的な食べものです。高級なお店に行かなくても、気軽な回転寿司はあるし、スーパーやコンビニでもパック寿司がたくさん売られています。身近な料理というだけでなく、いまでは外国人にも好まれ、海外の日本食レストランでも定番となっています。

そんな寿司はいったいどこで生まれたのか。

ルーツは中国南部やインドシナ半島北部

そんな寿司はいったいどこで生まれたのか、とよくいわれています。この地域は山深く、海から遠く、動物性タンパク質の摂取は、おもに川魚に頼っていました。しかし、川魚は足が早い。すぐに悪くなり、食べられなくなってしまいます。また季節や天候にも左右され、安定した食料源とするには難しかったのです。古代の人々にとって、食料の長期保存は大きな課題でした。

そこで「**発酵**」という手段が考え出されたのです。インドシナ半島は「稲作の発祥の

地」ともいわれ、古くからお米がさかんにつくられてきました。このお米に、野菜や魚、あるいは肉などを混ぜて漬け込み、重石をして、待つこと数日、ときには数か月。こうすることで発生する乳酸菌の働きによってペーハー値が下がり、雑菌が繁殖しにくくなります。発酵です。これで**食料の長期保存、備蓄が可能になる**のです。また発酵させることで旨味が増し、おいしくなる効果もありました。

こうしてさまざまな魚を漬け込んで発酵させ、保存食とする技術が、中国を経由して日本にもたらされたのは奈良時代のこと。この頃は発酵が済んでから、魚だけを取り出し、食べていたようです。漬物感覚でしょうか。これが、いまでも広く食べられている

「なれずし」の源流なのです。

発酵食品が生みだされた当初、なれずしなどは特別なぜいたく品でもありました。だから神事の際にお供えする、神饌としても使われてきました。その名残りを、滋賀県栗東市の三輪(みわ)神社に見ることができます。ここでは毎年5月のお祭りのときに、日本でただひとつという「ドジョウのなれずし」がつくられ、神前に供えられるのです。

また、なれずしは年貢でもありました。718（養老2）年に成立した法令集『養老律令』や、927（延長5）年成立の『延喜式』の中には、あわびやフナ、鮎、鮭などでつくったなれずしによって納税される記述があります。

滋賀県の名産品「鮒寿司」は奈良時代から親しまれており、古代の鮨の面影をいまに留める（©Yasuo Kida）

　鎌倉時代あたりから、なれずしやお米が普及するようになると「熟成まで何か月も待てない」という人も増えてきます。そんな需要に応えたのが「生成（なまなれ）」でした。完全には発酵しきっておらず、独特の酸味がややにじんできたあたりで食べるのです。食料の保存や備蓄をそう考えなくてもよくなった、いくらか余裕の出てきた時代を表してもいるようです。生成はまた、お米と一緒に食べることも特徴でした。これが握り鮨の原点です。

　江戸時代に入ると、流通網の発達で新鮮な魚が手に入るようになります。そして酢によって、発酵したときのような旨味や酸味をつける技術も確立。

これによって、**発酵を経ずに酢飯に生魚を乗せるだけの鮨が、大流行したのです。**川魚だけでなく海の幸もふんだんに使い、やはり大量生産されるようになった醤油につける、現代の鮨がほぼ完成しました。

この頃の鮨は屋台で食べるもので、まさに庶民の味。そのほかに、稲荷鮨、巻き鮨、ちらし鮨などが次々と登場し、まさに鮨文化が花開いたのです。

この時期になって「寿司」と表記されるようにもなりますが、これは縁起かつぎの当て字です。ちなみに鮨とは発酵させた魚の意。もうひとつ「鮓」と表記することもありましたが、これは薄く切った魚のことです。

鯛

食べ物のしきたり

お正月や結婚式など、お祝いの席に欠かせない魚といえば、鯛です。日本人はこの魚を古くから食べており、縄文時代の遺跡からも鯛の骨が出土しています。また『万葉集』には、鯛を食べたいと願う歌が出てきます。

ですが室町時代の頃まで、魚といえば鯛などの海水魚ではなく、淡水魚でした。というのも当時の都、京は海から離れており、また流通システムも整っていませんでした。

山国である日本にとって、魚はおもに淡水魚であり、その王様ともいえる存在が鯉でした。堂々たる体格、川を遡上していく力強さからも好まれ、宴席のごちそうや贈り物としても親しまれてきました。鯉のぼりを愛でる習慣にもつながっています。

それが江戸時代になると変わっていきます。海に近い江戸が首府となったこと、街道が整備されて海の幸が身近になったことから、鯛がお祝いの魚に取ってかわったのです。

お祝いの席に上がる鯛（© 北の魔女 / PIXTA）

災厄を祓うという赤い色、「めでたい」に通じる名前、立派な姿かたちから、縁起の良い魚と考えられたのです。またマダイは魚にしては長寿で、20〜40年も生きます。これも愛される理由のひとつでした。

大きな祝宴ともなれば、鯛が尾頭つきで出されることもあります。食べる部位だけでなく、全身すべてがそろい調和した形を日本人は喜び、物ごとや目標をはじめから終わりまでしっかり成し遂げられると考えたのです。

江戸時代には、七福神のひとりで、漁業や商業を司る恵比寿さまと鯛との組み合わせもよく描かれ、縁起物として定着しました。

食べ物のしきたり

赤飯

日本人の心をつくったとさえいえる穀物、お米。真っ白ふっくらに炊き上がって湯気を上げる様子が思い浮かびますが、これは現在のもの。日本に伝えられてきたばかりの頃はずいぶんと違いました。**赤かった**のです。

お米の種類は大きくふたつにわけることができます。ひとつはインディカ米です。その原種は赤いものでした。東南アジアなど熱帯で食べられており、長細く、ぱさぱさしています。そのため炒めたり汁物と合わせるのに適しています。

もうひとつがジャポニカ米で、白くて粒は短く、炊くと粘り気があります。このふたつの種類からさまざまに品種改良され派生していったお米ですが、縄文時代に日本に入ってきたものは、ちょうどふたつの中間種でした。やや赤かったと考えられています。

日本人がまず食べたご飯は、赤飯だったのです。

そしてお米は、栄養源であると同時に、神さまに捧げる神饌でした。儀式のときには欠かせないものとして、日本人は神さまに赤いお米を供え続けてきたのです。

それから日本の気候や風土、日本人の味覚に合うように、長い年月をかけてお米は品種改良されていきました。赤みは抜け、真っ白になり、さらに粘り気強く、湿度の高い列島で生きる日本人好みの風味になっていったのです。

白いお米を食べるようになっても、日本人は神事のときには赤米を用いていました。

赤は災いを祓ってくれる色だと考えてきたからです。それに太古から続くしきたりには、やはり古式で臨みたいという気持ちがあったことでしょう。

だからいまでも、祝儀の席には赤飯を炊くのです。現在では赤米がむしろ手に入りにくくなっていますが、その代わりに餅米に小豆やササゲを混ぜて蒸しています。小豆は熱すると赤い色が出てくるため、お米をきれいに薄赤く彩ってくれます。

赤飯はお祝いの席だけでなく、葬儀のときにも食べられています。神事とは祝賀だけではなかったこと、赤が死の穢れを祓ってくれると考えられてきたことが、この風習の根底にあります。

赤飯とは、単におめでたいだけではなく、日本人のルーツに関わる食べものなのです。

食べ物のしきたり

塩

人間の食生活に欠かせない調味料、塩。昨今ではその過剰摂取が問題となってはいるものの、**塩に含まれるナトリウムは生命活動に必須のミネラル**です。海の中の魚や貝はもちろん、動物の内臓にも塩分は含まれているからです。意識して塩を摂らずとも生きていくことができました。

この塩を、狩猟採集時代の日本人は野生生物を通して摂取していました。

しかし縄文時代後期から稲作が始まり、日本人は定住をして、農作業を中心とした暮らしへと次第に移っていきます。食生活も穀物が多くなっていきました。そうすると、不足するのはナトリウムです。そんな知識もなかった時代ですが、人々は本能的に塩を求めました。しかし、四方を海に囲まれた島国であるのに、日本には岩塩などの陸上の塩資源がほとんどありませんでした。

そこで日本人は海藻を使うことを思いつきました。**海から海藻をとってきてこれを焼き、その灰を塩代わりにした**のです。**藻塩焼き**というものでした。日本人ほど海藻を食べる人々もいないといわれますが、塩との関わりがその根底にあるのかもしれません。

藻塩焼きに使われた土器は、日本各地の沿岸部から発見されています。

はじめはやや荒っぽかった製法も、次第に洗練されていきます。干した海藻に海水をかけて塩分濃度の高い水（鹹水）をつくり、これを土器に入れて煮詰めていくと、あとには塩が残ります。海藻ではなく、砂浜の砂に海水をかけて鹹水をつくり、煮詰めていく方法も採られました。これは次第に大規模になっていき、各地で「塩浜」がつくられるようになります。海水を効率的に引きこむ場所をつくり、天日干しによって水分だけを蒸発させ、たっぷりと塩分を含んだ砂を採取する方法です。日照時間が長い瀬戸内地方などで塩浜はさかんにつくられました。いまでも瀬戸内海沿岸に塩の名産地が多いのも、このためです。

こうして苦労をしてつくった塩は、貴重なミネラル源であり、また食事に変化を与える調味料として大切にされました。それに自然の厳しい日本では、保存食をつくるためにも塩は重要でした。その防腐性と殺菌効果によって、食べものを長持ちさせてくれる

塩……**そこに日本人は聖性を見るようになるのです**。

塩は災いを、穢れを祓ってくれる

軒先に盛り付けられた盛り塩（©redsea / PIXTA）

と信じられるようになっていったのです。

　現在でも、神社での神事や、お供えものとして使われています。もっともよく知られている風習は、葬儀のあとの清めの塩でしょう。

　また厄除け、客寄せの意味で、商店の軒先に盛り塩が置かれることもあります。紙をくるりと巻いて円錐形にして、そこに少し水で湿らせて固めた塩を入れ、逆さにして置きます。奈良時代の頃から続く風習だという説もあるようです。この盛り塩を、海の砂でつくることもあります（盛り砂）。原初の塩づくりの姿を見る思いです。

　大相撲では力士たちが塩を撒きますが、これも土俵を清める意味があります。い

やな客が帰った後に「塩を撒いておけ」なんて言うことも昔はありましたが、これもや
はり厄祓い。

神社に参拝する前に、いまでは手水舎で手や口を洗うだけですが、**その昔は海に浸かっ
てお清めをしてから向かった**そうです。海水は塩そのもの、浄化の水だからです。

神奈川県茅ヶ崎市や、宮城県石巻市では、お祭りのときに神輿を海に担ぎ入れます。
塩の力で神輿を浄化し、お祭りの成功と地域の無事を願う……この風習は日本の沿岸各
地にあります。　海と塩との恵みに支えられてきた、日本人の歴史がそこにはあるの
です。

食べ物のしきたり

味噌と醤油

日本人の食卓に欠かせないものはいろいろありますが、その代表ともいえるのが、味噌と醤油ではないでしょうか。このふたつ、実はもともと、ルーツは同じなのです。

古代人は安定した食料の確保のために、塩（→P166）を使って発酵させる技術を得ました。こうすることで食材を長持ちさせることができるようになったのです。発酵はなれずし（→P159）など、いまの日本の食文化につながるさまざまな発想を生み出しましたが、そのひとつに「醤」もあったのです。

これはつぶした魚や獣の肉に、塩をまぶして、長期保存・発酵させたものの総称です。熟成が進むとやがてうまみが増し、これをおかずとして、あるいは別の食べものにつけて食べるようになっていったのです。縄文時代からすでに原型らしきものがつくられていたようで、醤と思われる遺物が当時の住居跡から出土しています。

肉からつくる肉醤、魚からつくる魚醤、大豆やお米、麦などの穀物からつくる穀醤、さらに中国から伝わった穀物製の唐醤も加わり、発展していきました。

大豆からつくった穀醤のうち、発酵の途中でまだ豆の形が残っているもの……つまり醤としてまだできあがっていないものが「未醤」と呼ばれ、注目されるようになったのは奈良時代のこと。おいしかったのです。701（大宝元）年に制定された法律書である『大宝律令』には、大膳職という項目があります。宮中の食事についての決まりについて書かれた箇所なのですが、ここにも未醤という記述が見られます。この未醤の読みかた「みしょう」がなまって、「味噌」になったのではといわれています。

平安時代に入り、901（延喜元）年に編纂された歴史書『日本三代実録』や、930年代につくられた辞書の一種である『和名類聚抄』には、すでに「味噌」の文字が見られます。塩漬けされた発酵食品からスタートしたものが、醤と味噌とに分化していったのです。平安京では街の東西に市場がありましたが、東側には醤が、西側には味噌が売られていたといいます。

また927（延長5）年成立の法律書『延喜式』には、上級の役人に対する給料として、お米のほか味噌が支給されたという記述もあります。貴重品、高級品だったのです。

だから調味料としてさかんに使われるものではなく、ちびちびとなめたり、ほかの食品

現代の「金山寺味噌」。和歌山県や千葉県、静岡県などで生産されている

につけたりして、大事に食べられていました。

初期の味噌のひとつに、**金山寺（径山寺）味噌**があります。鎌倉時代に宋に渡った覚心という僧侶が、中国の味噌の製法を学んで帰国し、これを日本風にアレンジしてつくったものです。

金山寺味噌の「たまり」の部分は、煮物に使うと実にいい味わいでした。このたまりから、醤油が生まれ発展していきました。

室町時代になると醤油という言葉も定着していきます。味噌を経由するのではなく、大豆と塩、麹からつくる製法が確立し、江戸時代に一気に発展していきます。その深い味は日本人を魅了しました。

18世紀頃には一般庶民にも広く浸透し、和食の友、食卓の必需品となっていったのです。オランダや中国の船で早くも世界に輸出されるようにもなりました。

一方の味噌ですが、室町時代に大豆の生産量が増加したことで、これも日常的な食品として普及していきます。また、中国から伝えられたすり鉢やすりこぎで、大豆粒の残る味噌をすりおろしてなめらかにして、調味料としても使われるようになりました。

このペースト状の味噌をお湯に溶かし、さまざまな具材を加えたもの……味噌汁の誕生です。鎌倉時代のことだといわれています。戦国時代には各地の武将が、たんぱく源、陣中食として味噌汁を重宝しました。

味噌の製法もまた洗練され、普及化したことで、**武将たちは自分たちの故郷でご当地味噌をつくることにも力を入れていきます。**

武田信玄の「信州味噌」、上杉謙信の「越後味噌」、伊達政宗の「仙台味噌」などです。江戸時代になると、現在と同じような味噌が一般庶民の家庭でも常備できるようになっていきました。

こうして味噌と醤油は、長い時間をかけて日本人の暮らしに必要な、和食の味つけには絶対に欠かせないものとなりました。どちらも源流は醤にあります。食べものが不足して貴重だった時代の、創意工夫から、すべてははじまったのです。

食べ物のしきたり

蕎麦とうどん

日本人はご飯だけでなく、麺も大好きです。ラーメンやパスタのほか、最近はベトナムの米麺フォーやタイ風の焼きそばパッタイも人気になっていて、他文化を貪欲に取り込んでいく日本人らしさを見る思いです。

それでもやっぱり日本の麺といえば、蕎麦とうどんではないでしょうか。どちらが先に日本人の食卓に定着したのか、諸説あり定かではありません。ただ、まずは稲作が普及して、お米が日本人の主食、カロリー源となっていきました。

しかし日本の国土は山岳地帯ばかりです。お米が穫れる平野ならいいのですが、そうでないところに住む人は、なにをエネルギーとすればいいのか。試行錯誤した昔の日本人が選んだものは、蕎麦でした。**蕎麦は厳しい気候でも、また多少の天候不順や荒れた土地でも育つ強い穀物**です。この種子を粉にして、搗き、練り、かたまりにして食べて

いたと考えられています。いまで言う「蕎麦がき」です。高知県南国市にある田村遺跡など、各地の弥生時代の遺跡からは、蕎麦の花粉が出土しています。

一方でうどんは、大陸から伝来したようです。奈良時代になると遣隋使や遣唐使を通じてさまざまな品がやってきましたが、その中には**「索餅」**あるいは**「麦索」**と呼ばれるものもありました。それは小麦を粉にして水で練り、縄のようにひねった形をしていました。乾燥させて保存食とし、食べるときは茹でて、醤油や醤（ひしお）（→P170）をつけたそうです。

この麦索を、日本人は細く切って食べるようになります。蒸して温めたものが熱麦、これを冷やしたものが冷麦です。冷麦の名前は現代にまで残っています。麦索をアレンジして、素麺や、うどんが生まれたといわれています。

ほかにも伝承は多く、かの空海が留学先の中国から持ち帰って広めたものが讃岐うどんのルーツという説もあります。やはり中国の、混飩（こんとん）という饅頭のような団子のようなものが原型で、当てる漢字が変わっていって「饂飩（うどん）」になったのだともいわれます。

いずれにせよ、蕎麦もうどんも平安の頃までは貴族の食べもの、ぜいたく品でした。それが庶民の口にも入るようになり、大衆文化として花開いたのは江戸時代のこと。農業や、製粉技術の発達、戦国時代が終わったことで治安や経済が安定したこと、それに

年越し蕎麦を食べる男性
（『年始物申　どうれ百人一首』1793年）

蕎麦がきではなく麺にして、醤油とみりんを合わせたつゆで食べるスタイルが大流行。

これは当時、**蕎麦切り**と呼ばれました。そして蕎麦と略されていったのです。うどんも普及が進んだ醤油ベースの出汁を使う、いまと同じ食べ方が広まっていきました。

やがて数千軒の蕎麦屋やうどん屋が、江戸の城下を賑わせるまでになったといいます。

夜ふけは、風鈴を鳴らして夜食の蕎麦を売り歩く屋台の姿が見られました。

伴う道路インフラ、流通網の急速な拡大……いまの日本人が楽しんでいるしきたりや食文化の形が江戸時代に定まってくるのは、こうした理由があるのです。

やがて京や大坂で好まれていたうどんが江戸にも広まっていったのですが、**蕎麦の里である信州や東北の出身者が増えると、蕎麦屋も急増します**。江戸初期には、それまで主流だった

　江戸っ子たちはつゆを軽くつけて一気にすすり、蕎麦の香りと喉越しを楽しんだそうです。とくに新蕎麦の時期は香りが高いことで人気でした。こんなことから、いまでも蕎麦を食べるときは、音を立てることが（日本国内では）マナー違反ではないとされています。

　蕎麦もうどんも、どちらもお米と同様に数千年の歴史を持ち、日本人の胃袋を支え続けているのです。

作法のしきたり

箸

世界にはさまざまな食器がありますが、箸で食事をするのはアジア人だけです。箸を使う日本や韓国、それに東南アジアは、どこも中国の影響を受けてきた地域です。そのため、箸は中国発祥といわれています。中国では、その歴史上最古の王朝といわれる殷（いん）の遺跡からも、箸らしき遺物が出土しています。

では、中国から伝来するまで、日本に箸はなかったのでしょうか。『魏志倭人伝』には、倭人（日本人）は箸を使わずに手で食事をする、という記述も見られます。一方で『古事記』には、日本神話の一節として、スサノオノミコトがヤマタノオロチとの戦いに赴く際に、川上から箸が流れてきた、というものもあります。

食い違うふたつの書物からいえること。**それは中国からもたらされた箸のほかに、日本独自の箸があったのではないか**、という説です。そして**日本は、食事ではなく、儀式**

の中で箸を使っていたようなのです。

古代の神事の際、神さまにお供えする食べものを扱うときに、素手で触ることは憚（はばか）られました。自らの穢れを供えものに、神にうつしてしまう。あまりにも無礼ではないだろうか。直接触れない方法はないだろうか……こうして考え出されたものこそ、箸でした。

その当時は対ではなく、1本きりだったといわれます。**竹などの木、あるいは動物の骨を、ピンセットのように折り曲げて使っていた**ようです。この原始的な箸でもって、神饌を運び、供え、儀式を行なっていたのではないかと推測されています。

北海道や福井県にある縄文時代の遺跡からは、箸と思われる遺物も出土しています。やはり1本で、祭祀用だったようです。

現在でも、この1本箸を使うところがあります。宮中、いまでいう皇室です。天皇が即位後にはじめて行う新嘗祭（→P50）のことを、**大嘗祭**（だいじょうさい）といいます。新嘗祭とは秋の収穫を祝うお祭りでもあるので、農作物をお供えし、実りに感謝するというもので、神饌は欠かせません。この儀式に用いられる食器の数々が「大嘗祭神饌用具一式」という木箱に納められています。その中には、一本の竹を折り曲げてつくった、**古式の箸、折箸**もあったのです。神事と箸との密接なつながりは、神話の時代からいまに至るまで、

大正時代にまとめられた「大嘗会用調度品」の一覧。
上から２列目の左端にあるピンセットやトングのように曲げられたものが折箸
（『御大礼画報』1915 年／大正４年）

連綿と続いていることを示しているようです。

奈良時代になると、中国から仏教とともに、２本に分かれた箸が入ってきます。そして儀式ではなく、食事のために普及していきました。１本箸よりもさらに機能的で、使いやすかったからです。

２本箸を日本に持ち込んだのは、遣隋使として中国に渡った**小野妹子**だといわれています。彼は中国各地から箸や食器を持ち帰り、宮中で披露しました。それを見た聖徳太子が、これは便利で清潔であると生活の中に取り入れ、やがて日本社会の中に広まっていったと

いわれます。

儀礼と、実用。いま私たちが使っている箸は、その両方の意味が込められています。単なる食器ではないのです。

新年には箸を新しくする風習もあります。また、おせちをいただくときは、祝い箸を使うものです。神社で祈祷してもらったあとに、「御神箸」をいただくこともあります。

赤ちゃんのお食い初めのことは「箸揃え」ともいいます。そして人が亡くなれば、その傍らには箸の刺さった枕飯が添えられます。

日本人の人生のさまざまな場面で、箸は登場してくるのです。それは神と人とをつなぐ、橋渡しすることにルーツがあるからでしょう。

食べ物のしきたり

初物

初鰹や新茶、ボジョレーヌーボーに至るまで、日本人は初物が大好きです。江戸の昔から日本では「初物を食べると75日、長生きできる」なんて言葉も親しまれてきました。

初物とはその年にはじめて収穫された野菜や果物、お米や魚などのことです。年がめぐり、またカツオの季節がやってきたと、今年も秋刀魚がうまそうだと、人々は移りゆく四季の一端を捉えようとしたのです。

冬の間、雪の下で土にこもり、栄養をたくわえていたタケノコやイチゴ、山菜。皐月の頃の風物詩はお茶摘みの光景。夏の太陽のエネルギーをたっぷりと受けたキュウリやスイカ、そして「収穫の秋」には、お米をはじめとして豊かな実りが食卓を彩ります。

魚であれば、その時期にだけ海流に乗って、稚魚から成長し、たっぷりと脂の乗った身で日本の沿岸にやってくるのです。

初夏の初物である鰹をさばく女性（中央）。江戸中期の俳句に「目には青葉　山ほととぎす　初鰹」と詠まれたように、江戸っ子にとって初物を食すことは何よりの楽しみだった（『十二月の内　卯月初時鳥』歌川豊国／1854年）

こうした「旬」のものは、それぞれに合った季節に育まれ、出回っている食材の中でもっとも栄養価が高いのです。新鮮なだけに味もよく、大量に収穫される時期だから価格も安く、手に入りやすいのもうれしいものです。

現在では栽培技術の発達、養殖の普及などによって、食事からは季節感が薄れ、なにが旬なのかわかりづらくなってしまっています。それはありがたいことでもあるのですが、安くて栄養のある旬のものを食べることがいちばん理にかなっているのです。それを昔の人は「75日の長生き」と表現しました。

四季の鮮やかさが日本の誇りです。季節ごとの食材を楽しむことが、そのまま健康につながるのです。

身だしなみのしきたり

風呂

日本人ほど風呂好きの民族もなかなかいないのではないでしょうか。シャワーだけでかんたんに済ませてしまう民族も多い中、日本人は一日の終わりにゆったりと風呂に浸かり、たっぷりと汗をかき、心身ともにさっぱりするのです。

休日ともなればスーパー銭湯や温泉に出かけ、家族や友達と湯に入り、食事やお酒を楽しみ、また四季折々の風景を愛でたりもします。風呂は日本人の暮らしに、まさに潤いを与えてくれるものといえるでしょう。

日本人が湯に親しむようになったのは、やはり全土に温泉が点在しているからでしょう。日本は世界有数の火山国です。そのためたくさんの温泉が湧き出しています。遠い昔から、日本人の先祖は温泉に浸かってほっとした顔をしていたことでしょう。

日本最古の風呂は、洞窟などを利用していたのではないかといわれています。その中

に焼いた石を敷き詰め、水をかければ、蒸気が洞窟を満たしていきます。熱い蒸気に包まれ、汗をかくことを楽しんだのです。**いまでいうサウナ**でしょう。洞窟や穴ぐらのことを**「室」**といいますが、「風呂」という言葉はここに語源があるともいわれています。とり

蒸気浴は、奈良時代の頃にはすでに貴族など上流階級の間で普及したようです。とりわけ寺院に設置されていたことが多かったようですが、これは僧侶が読経などの前に沐浴し、身を清めたからといわれています。奈良の東大寺には、往時の風呂「大湯屋」などがいまでも残されています。こうした施設が一般にも開放されていきました。

清少納言の書いた随筆集『枕草子』には、平安時代の蒸気風呂のことが活写されています。また鎌倉時代の歴史書『吾妻鏡』には、かの源頼朝が入浴したことなどが記されています。

共同浴場は寺院だけでなく、街の各所に設置されていきますが、一気に増えたのは江戸時代のことでした。徳川家康が幕府を開くにあたり、たくさんの人々が開発や工事のために江戸で暮らすようになりました。彼らが汗を流し、身体を洗う場所が必要だったのです。

江戸初の銭湯をつくったのは、伊勢与一（いせよいち）という人物だったそうです。現在の都心、大手町の日本銀行本店のそば、日本橋川にかかっていた銭瓶橋（ぜにがめがし）のたもとだったといわれま

江戸時代の銭湯の様子。当時は脱衣所から洗い場、浴槽まで仕切りがないつくりになっていた（『肌競花の勝婦湯』豊原国周／1868年）

　す。

　銭湯は庶民の社交場として大いに賑わい、江戸を中心に全国へと広まっていきます。この時代もまだ蒸気浴が主流でした。そして混浴が普通だったのですが、風紀の乱れが問題となって、規制されていきます。

　明治に入ると、大きな浴槽にたっぷりと湯を張って、蒸気ではなくお湯そのものに浸かるようになりました。現在の銭湯の原型がこの頃につくられました。

　関東大震災や戦争によってたくさんの銭湯が焼失しましたが、その後に再建されたものは宮造りの豪華な建築様式が主流。世相は暗くとも、銭湯は立派に……という日本人の気持ちが反映されているのです。

　一般家庭にも風呂が普及していったのは、戦後の高度経済成長の時期です。その代わりに、

銭湯の数は減少に転じていきます。現在は銭湯の経営者の高齢化や跡継ぎ不足、少子化による人口減などに直面し、銭湯の経営はかなり厳しいといわれます。

それでも日本人は風呂を愛し、大切にしてきました。悲しいことがあった日も、疲れた日も、仕事で心がささくれだっていても、風呂に浸かってひと息つけば、気持ちがほぐれていくのを感じるはずです。風呂は日本人の心を、いつも穏やかにしてくれるのです。

身の回りのしきたり

唐草模様

最近では「風呂敷」なんて言い方はあまりしないかもしれませんが、ものを包んだりするための布は、少なくとも奈良時代から使われていたようです。

奈良県にある世界遺産、正倉院からは、僧侶の服をまとめていた「衣包（ころもづつみ）」という布が見つかっていますが、これが風呂敷の起源ではないかといわれています。ちなみに、入浴の際に脱いだ衣服を包んだことから「風呂敷」と呼ばれるようになったそうです。

そんな風呂敷のデザインといえば、定番はやはり**唐草模様**でしょう。おもに緑の地に、白く染め抜かれたツタや葉が絡まり、組み合わさっているものです。

ツタは繁殖力豊かな植物で、わずかなすきまにまでどんどん伸びていき、壁を覆い、その先端が螺旋を巻きながら広がっていきます。まさに生命のたくましさを見る思いで、

縁起のよい吉祥文様のひとつとして平安時代から人気になっていきました。お祝いの品

唐草模様の風呂敷

を包んだり、獅子舞の衣装としても使われるようにもなります。

「唐草」なのだから唐、中国がルーツだろうというのは、実は間違いなのです。確かに日本へ入ってきたのは中国からで、だから唐風の草の模様という名で定着したのですが、源流はさらに、はるか西方にあるのです。

古代からギリシャやインドなどの各地で、唐草模様は使われてきました。 アラベスク文様とは、イスラム風の唐草模様のことを指します。これらの源流は古代エジプトやメソポタミアにあり、シルクロードをつたってアジアにもたらされたと考えられています。

贈り物のしきたり

お中元とお歳暮

中国で生まれた宗教のひとつ・道教には、「三元」という日があります。1月15日の上元、7月15日の中元、そして10月15日の下元です。いずれも厄を祓う行事が行われる日です。人々は贖罪のために、神さまにお供えものをしていたといいます。

このうち中元は罪が許される日として大事にされました。中元の時期は日本ではお盆の頃。お盆では家族や親戚が、お供えものやお土産を手に集まってくるものです。この機会に、ふだんは顔を合わせない相手に贈り物をする風習もありました。

この習慣が日本にも伝わってきたのですが、常日頃からプレゼントを贈ることが日本人は大好きです。だからお中元は、神ではなくお互いに贈り物をしあう日として定着していきました。当初は身内相手の習慣でしたが、やがてお世話になっている人に感謝をする行事になっていったのです。いまでは7

| 7月 | 8月 | 9月 | | 12月 | 1月 |
| | 15日 | 7日 | | 20日 | 5日 |

お中元

暑中見舞い

残暑見舞い

お歳暮

お年賀

寒中見舞い

お中元とお歳暮前後にある贈り物の時期

月はじめから、15日頃までに贈るものとされています。

お歳暮もやはりお供えものが源流です。**年越しのときにあの世からやってくるとされるご先祖さまに供えるために、鮭やブリなどを、実家や本家に贈っていたことがはじまり**です。これはお正月にいただくものでもあったので、保存食が好まれました。塩漬けの新巻鮭がいまでも用いられるのはそのためです。

こちらもいつしか、お世話になっている人に贈り物をする日となりました。12月はじめから20日くらいまでが、お歳暮の時期です。

お中元とお歳暮の習慣が定着したのは、江戸後期から明治時代の頃といわれます。

六曜

先勝、友引、先負、仏滅、大安、赤口。

カレンダーの端に、そっと書かれてあるこの用語は、「六曜」と呼ばれています。大安は縁起がいい、仏滅は縁起が悪い、ということくらいは、誰でも知っているでしょう。

六曜は古代中国で使われていた暦のひとつで、考え出したのはかの三国志の英雄、諸葛亮孔明だといわれます。稀代の軍師であった彼は、戦いのときに六曜をもとにして吉凶を占い、戦況を有利に運んだのだとか。しかしまた、六曜と孔明とは関係がないという説も根強く、その発祥について詳しいことはあまりわかってはいません。

日本に入ってきたのは鎌倉時代から室町時代にかけての頃だといわれていますが、クローズアップされるようになったのは江戸末期、幕末でした。その日の運勢を占い、行動を決める指標としてさかんに使われるようになったのです。不安定で先行きの見えな

い世相が、人々をそうさせたのかもしれません。

しかし**明治の新政府は、六曜を否定して禁じました。**近代国家を目指した明治政府は、六曜は迷信であり、六曜に基づいて暮らすのは良くないとして、カレンダーからも削除したのです。当の中国でほとんど使われることがなくなっていたこともあります。

第2次世界大戦後になると再び愛用されることになります。現代までも、おもに冠婚葬祭の日取りを決めるために使われています。

好まれるのは「なにをしてもうまくいく」という大安でしょう。「大安吉日」ともいわれ、結婚式や結納のほか、お祝いはこの日を選んで行うべき、と信じられています。また仏滅は凶の日であり、婚礼を上げる人はまずいません。ですがこの日は、「仏が滅する」と書きますが、仏教とは何の関係もないのです。お釈迦さまの入滅にも関連性はありません。物ごとすべてのはかなさや空しさを表す「物滅」が語源だといわれています。

ほかの日はずいぶんと、勝負事に絡んでいるものが目立ちます。先勝は急げば勝ちあり、午前中は吉で午後は夕方まで凶。友引は友を引くから葬儀をしてはならないといますが、勝負事は引き分けになるとの意味もあります。先負は焦ったら負け、赤口は午の刻（11〜13時頃）が吉で勝負はこの時間に……どこかギャンブルの匂いも漂ってきます。

事実、中国では賭博の験担ぎに使われていたという説もあるようです。

折り鶴

身の回りのしきたり

海外旅行に行ったとき、折り紙で鶴を折ると驚かれたという経験のある人は多いのではないでしょうか。日本人ならかなりたくさんの人が知っている鶴の折り方ですが、なじみのない外国人にしてみると、芸術にすら見えるようです。

その折り鶴は室町時代からずっと親しまれてきました。源流は**折形**という作法にあったといわれます。美しく折りたたんだ和紙で贈り物を包み、渡すことが、儀礼として尊ばれたのです。**折形にはいくつもの流派があり、腕を競っていました。**さまざまな折り方が発明されていきます。

鶴もそのひとつでした。鳥の中では寿命がおよそ30年、個体によっては80年と長生きする鶴は、長寿の象徴でした。「鶴は千年、亀は万年」という言葉もあります。それに、羽ばたき滑空する姿の流麗さから、鶴は鳳凰と並び、福を呼ぶ瑞鳥と呼ばれてきました。

原爆の子の像。
碑の上で折り鶴を掲げ持つ像のモデルが、
千羽鶴を生み出した少女（佐々木禎子）である

その形を模した折り鶴は、縁起物でもありました。

やがて江戸時代には、鶴そのものではなく、折り鶴を着物や器などの模様に使うような風習も、昭和になると定着していきます。長寿をもたらす鳥であることから、病気の人や入院患者に贈るという風習も、昭和になると定着していきました。

そんな鶴を千羽折って、病の回復を祈る……千羽鶴が広く知られるようになったきっかけは、広島への原爆投下でした。被爆して白血病を発症した少女が、元気になりたいと祈りを込めて病室で千の鶴を折り続けたことが、日本全国に感動を呼んだのです。これをきっかけに、千羽鶴を折ることで病気の人を励ますという文化が生まれ、広がっていきました。

占い

ネットやテレビ、新聞の片隅にまでも、占いはあふれています。星座、血液型からその日の運勢を占うといったお気楽なものもあれば、街角の易者やカリスマ占い師に人生の重大な選択を賭ける人もいます。

先行きの見えない人生、なにか指針となるもの、道しるべを教えてほしいと思うのはいまも昔も変わりありません。人類はその歴史がはじまって以来ずっと、占いに頼ってきたのです。

古代の政治そのものが、占いのようなものでした。 これは日本も同様です。世をどう治むるべきか神職や巫女が神意を伺い、いただいた答えに従って、統治者が集団をまとめあげていったのです。政治と神事は一体でした。古くは **「太占」**（ふとまに）や **「亀卜」**（きぼく）という占いが行われていました。中国から伝わったもので、鹿の骨を焼いたときに現れる模様や、

ひびの割れ方で吉兆を占ったといいます。

東京都の西部にある武蔵御嶽神社では、
今でも毎年１月３日の早朝に太占が行われている

星の動きや干支などさまざまな要素を加えて占いは洗練されていきますが、平安時代になると**陰陽師**が活躍するようになります。占いを専業とし、政府や宮中で強い力を持つ官職のことです。

いまもお抱えの占い師をひそかに抱えている政治家もいるといわれますが、古代から いままで、政治的な決断というものは占いに頼りたくなるほど重いものなのかもしれません。

だから私たちも、ときには占いに頼ってもいいのでしょう。どうしたらいいか道に迷ったとき、決断を神さまに委ねてみるのです。なにもかも自分で背負わず、占いに任せてみると、いくらか気持ちも楽になるはずです。

身の回りのしきたり

お地蔵さま

街を歩いていると、ふと出くわすことのあるお地蔵さま。お寺の境内に立っていることもあれば、繁華街の中に唐突に現れたりもします。このお地蔵さまとは、正しくは地蔵菩薩といいます。仏教がインドで生まれた当時に使われていたサンスクリット語では、クシティガルバと呼ばれていました。お地蔵さんは、古く遠いインドからやってきたのです。

その地蔵菩薩は、人を地獄から救ってくれる存在だと信じられていました。奈良時代に日本に入ってきた仏教の考えでは、現世で悪事を働くと、死後さまざまな種類の地獄に落ちることになります。この苦しみを、地蔵菩薩は代わりに受けてくれるのです。誰だって、地獄に落ちてしまうかもしれない罪を犯さずに生きている人間なんていません。それでも現世でお地蔵さまを大事にしていれば、あの世でも助けてくれるかいのです。

て悟りを求める、高位の修行者のひとり……つまり、菩薩なのです。正しくは地蔵菩薩

仏教において

もしれない……。お地蔵さまはそんな人々の思いを背負っているのです。

お地蔵さまは、人間たちの中でもとくに子どもを守ってくれます。 小さいうちに不幸に見舞われて亡くなってしまった子どもは「親を悲しませた罪」で、賽の河原で延々と石を積む責め苦を受けるといわれますが、そこに登場して救済してくれるのがお地蔵さまなのです。このため子守地蔵や子育地蔵などがたくさんつくられるようになりました。

赤ちゃん用の赤いよだれかけをつけているお地蔵さまもよく見ますが、これは子どもを守ってほしい、健康に育ってほしいという願いが込められているのです。

地蔵菩薩の縁日（→P90）です。地域のお地蔵さまを洗い清め、よだれかけを新しくし、お供えをして祀ります。

京都など関西では、8月の23、24日に地蔵盆が行われます。

お地蔵さまはいつしか、**道祖神信仰**と結びついていきました。四つ角だとか、村と外界との境界など、あちこちに石碑として置かれて、安全を守るといわれた道祖神。これと地蔵菩薩信仰が一体化していったため、お地蔵さまはあちこちにたくさんあるのです。

日本人にとって、もっとも身近な祈りの対象かもしれません。

箒

身の回りのしきたり

自律して動いてごみを吸い取るロボット掃除機が人気になっているいまの世でも、箒やはたきといった昔ながらの掃除道具はまだまだ健在です。

とくに箒は、古くから使われてきました。現存している最古の箒は、奈良県の新堂遺跡から出土したもので、古墳時代の5世紀後半にさかのぼるそうです。広葉樹の小枝を束ねたもので、およそ45センチというから手箒のような感じでしょうか。

この箒は、祭祀に使われる道具と一緒に発掘されています。**掃除の道具ではなく、なんらかの儀式に使っていたようなのです。**家の中や庭をきれいにする道具である箒は、災いをも掃き清めてくれるものとして、大切に扱われてきたのです。

なお「箒」とは「ははき」が語源です。もともとは鳥の羽からつくったもので「羽掃き」と呼ばれていたそうです。やがて「箒」の字のほうが使われるようになっていきます。

したりして、無事な出産を祈ることも広く行われてきました。

です。また新品の箒で妊婦のお腹をなでたり、箒の先端を折ってそれを妊婦の髪飾りに

した先から箒神が降りてきて、柄をつたって妊婦に宿り、お産の手助けをしてくれるの

ました。妊婦の傍らに、やはり逆さに立てておくと安産になるともいわれます。逆さに

出産のときには、お産をする部屋に箒を逆さに立てかけて、お酒を供える習慣もあり

てこないとお産ははじまらない」という言い伝えもあります。

箒神は出産に際して訪れ、安産を見守ってくれる神さまなのです。だから「箒神がやっ

道具です。その機能が、赤ちゃんを体外に出す、出産という行為に重ねられたようです。

この**箒神は、お産に関わる「産神」のひとつ**とされています。箒はものを掃き、払う

箒に宿る箒神は、穢れや災厄を掃いてくれるものと考えられてきました。

世の中の森羅万象に神さまが宿ると考えてきたのが日本人ですが、箒も同様でした。

たようです。

葬列に加わった人のことです。

美称とするほど、箒は神聖なものでした。また帚持は、人の死にあたって、箒を持って

のです。玉箒の玉とは、人の命や魂を表しているといわれます。その字を箒につけて、

『古事記』にも、箒についての記述があります。「玉箒<ruby>たまばはき</ruby>」「帚持<ruby>ははきもち</ruby>」という言葉が見られる

葬儀のあとに箒を使って、墓所を掃き清める役割があっ

『七十一番職人歌合』二十一番に描かれる
「ゆわうははきうり（硫磺箒売）」（左）

人は子どもたちに教え諭してきました。ただの掃除道具ではないのです。祭祀に、日々の掃除に使われてきた箒ですが、室町時代に入る頃には「箒売り」という職業が定着していたようです。当時のさまざまな職業の人々が登場して歌を詠みあう『七十一番職人歌合』の中に、箒売りの姿もあるのです。

穢れを祓うだけではなく、新しい命の誕生に関わる箒を、日本人は神さまと見てきたのです。だから「妊婦が箒をまたぐと難産になる」という言葉もあります。古い箒の結び目を解かないまま捨ててしまうと、やはり難産になってしまうといいます。箒を踏みつけたりすれば罰が当たると昔の

江戸時代に入ると、棕櫚（しゅろ）を用いた箒や、普及が進んだ畳を掃くための座敷箒など、用途に応じてさまざまな箒がつくられるようになります。いまではプラスチックや植物の繊維なども使われています。

ひんぱんに掃除をして、いつも清潔にしておけば、健康につながるというものです。

それは心の安定、家庭の安らぎにも結びつきます。日本人が大事にしてきた箒を使って、今日も掃除をしましょう。

祝い事のしきたり

松竹梅

おめでたい席でよく見かける、松竹梅。屏風に描かれていたり、絵画や花札のモチーフになっていたり、あるいは食器などにデザインされていたり。三種の木と花が組み合わされて華やかに彩られ、いかにも縁起が良さそうです。

この松竹梅は、**中国に源流があります。** 10〜13世紀の宋の時代、好んで絵画の題材にされるようになったのです。

常緑樹である松は、1年中ずっと青々とした葉を茂らせている木です。その雄々しさ、たくましさは、生命力の象徴と考えられてきました。竹も冬の寒さに負けることなく育ちます。どんな環境でもすくすくと伸びていく様子、しなやかな弾力性には、やはり力強さを感じます。また竹の子の生育の早さにも、子孫繁栄を見たのです。

そして梅は、冬の間に力を蓄え、まだまだ寒い季節に、ときには雪が降るさなかに花

を咲かせます。雪と淡いピンクとの見事な対比に、人々は春が近づいてきたことを知るのです。

この３つを組み合わせて描いたものを「歳寒三友」といって、長寿祈願、一族平安をもたらすものとして好みました。これが日本に入ってくると、いつしか「おめでたいもの」に変わっていったのです。

日本独自の神道の世界観も混じりあっていきます。たとえば松は、お正月に門松として使われることで知られています。松はお正月にあの世から家に戻ってきたご先祖さま（歳神さま）が宿る場所、依代と考えられてきました。また、竹は古くから食器や家具に使われていて、日本人の生活に密着してきた植物。地鎮祭では竹を四方に立てて仮の神殿とし、神籬（ひもろぎ）とします。こんな風習から、松竹梅は日本では吉祥の木々となっていったのです。いまではお正月の羽子板や凧、千歳飴の袋、かるた、西の市（→P52）の熊手、そして結婚式の引出物などなど、さまざまなものに描かれています。

ところで松竹梅といえば、うなぎ屋や寿司屋でもおなじみ。値段的にも内容的にも「松〉竹〉梅」という序列があり、これは一般社会でも格づけを表すときに使われていますが、本来は３つの間に上下はありません。飲食店が考え出したものだといわれています。

桜

自然のしきたり

日本人がいちばん大好きな花……それはきっと、桜なのではないでしょうか。冬の寒さもすっかりやわらぎ、いよいよ春だという頃。咲き乱れる幻想的な桜を見上げ、誰もが足を止め、和まされるのです。

しかし桜が列島を彩っているのは、ほんのわずかな季節だけ。春の変わりやすい天候の中で風雨にさらされ、あっという間に散ってしまうのです。そのはかなさ、刹那さも、日本人の心を打つものでしょう。人の世の短さ、人生のあっけなさを誰もが思い、散る桜に重ねて愛おしむ。桜には日本人の人生観のようなものも投影されているのかもしれません。

桜は日本に固有種のひとつがあり、山野から日本人の暮らしを見守ってきました。その可憐な花が咲き誇るのは、ちょうど1年の農作業がはじまる時期でもあります。厳し

い冬が終わったこと、いよいよ田畑を耕す季節が巡ってきたことを告げる桜に、日本人は豊穣の象徴を見たのです。

古代、桜といえば自然に生えている山桜のことでした。 少しずつ温かくなっていくに従い、つぼみをふくらませ、色づいていく様子を、人々は **「山の神が降りてきている」** と捉え、特別な花として大事にしてきたのです。桜は日本人の生活サイクルの中に、古くから組み込まれてきた存在なのです。

『古事記』『日本書紀』に登場する神話のヒロイン、木花咲耶姫は、桜の化身だといわれます。神々の中でもとくに美しいという彼女にまつわる逸話も残されています。天照大神の孫である邇邇芸命がこの世に降りてきたときのことです。大山津見神は自らの娘ふたりを差し出しました。醜い姉・岩長比売と、美しい妹・木花咲耶姫。邇邇芸命が妻として選んだのは妹でしたが、ここには落とし穴があったのです。姉を選んでいれば、岩のように永遠に生きながらえることができたのです。しかし妹は木の葉のようにすぐ散る存在。その夫である邇邇芸命の命もはかないものとなってしまいました。だから、邇邇芸命の子孫であるいまの人間たちも、永遠の命を失ってしまい、寿命には限りがあるのだ……というお話。木の葉とはすなわち、桜のことを指しています。神代の頃から、桜と人生ははかないものなのです。

日本で最も桜の本数が多いとされる、奈良県の吉野山。
シロヤマザクラという種類で、豊臣秀吉も花見に訪れたという

その後、一時期は梅に人気の座を奪われた桜ですが、平安時代に入ると見直されます。平安京には山から桜が植樹されて通りを彩り、たいへんな美しさだったと伝えられています。貴族の間で花見が流行するのも平安時代です。

平安初期に書かれた歌物語である『伊勢物語』には、有名な歌が収録されています。

「世の中に　絶えて桜のなかりせば　春の心はのどけからまし」（世の中に桜というものがまったくなければ、春の人々の心はのどかに過ごせるだろうに）

貴族であり歌人・在原業平（ありわらのなりひら）の、桜への愛情が伝わってくるようです。また平安末期の僧・西行（さいぎょう）は、

「願わくば　花の下にて春死なん　そのきさ

らぎの　望月のころ」（できることならば、桜の花が咲く下で春に死にたいものだ　陰暦2月の満月のころに）

と詠い、その願い通りに桜の季節の頃に亡くなったそうです。

またこの時代あたりから、朝廷内の権力争いに敗れた自分を散る桜に例える歌が目立つようになるなど、諸行無常の思いと桜とを重ねる歌人も多くなってきました。

江戸時代になると桜の植樹は全国で進み、また花見も、庶民の間でも広く行われるようになっていきました。現在植えられている桜の大部分を占めるソメイヨシノが誕生したのも江戸時代のこと。さまざまな桜をかけあわせて、色合いや咲き方が見事な品種としてつくりだされたのです。

この育成をした植木職人たちが暮らす染井村（現在の東京都駒込周辺）と、桜の名所として名高い奈良県吉野山、ふたつの地名を取ってソメイヨシノと命名されました。明治以降に大大人気となり、植樹が進んだ種です。

自然のしきたり

梅

桜を愛でていた日本人のもとに現れた、新しい花……それが梅でした。梅の原産地は中国という説が強く、日本にも奈良時代に中国から持ち込まれたと考えられています。中国ではおもに果実や薬として利用されていたのですが、日本人は花のほうに注目しました。冬を耐え忍び、まだまだ寒いうちに花を咲かせる梅に、日本人は魅せられたのです。**たくましさや生命力の象徴**だと考え、好むようになっていきます。

日本でもっとも古い和歌集であり、7〜8世紀に成立した『万葉集』にも、梅を詠んだ歌がたくさん収録されています。その数はおよそ110。一方で桜を詠んだ歌は40ほど。**梅が圧倒している**のです。

「梅の花　散らまく惜しみ　我が園の　竹の林に　鶯(うぐいす)鳴くも」（梅の花が散ってしまうことを惜しんで、私の庭園では鶯が鳴いています）

梅の名所のひとつ、北野天満宮。
菅原道真が梅を愛したことから、道真を祀る天満宮には梅が植えられている

奈良時代の官僚である阿氏奥島が詠んだこの歌もよく知られています。梅とウグイスとの組み合わせは、この時代からすでに風流とされていたようです。

平安時代に入ると、国風文化が流行します。唐（中国）風ではなく、国風、和風を大事にしようというもので、その中で中国伝来の梅ではなく、桜こそ花、という意識が強くなっていったのです。

日本を代表する花の座こそ桜に譲りますが、梅は古来の健康食品である梅干しや、梅酒、菓子、いまではジャムなど、さまざまな用途で日本人の生活に欠かせないものとなっています。

自然のしきたり

富士山

森羅万象に神さまが宿ると考えてきた日本人ですが、中でも「山」は特別でした。人間の力の及ばない、巨大にして不動の存在。分け入ってみれば、深い森に覆われ、幽谷が連なり、人間がちっぽけに感じられる自然がどこまでも広がります。一方でその恵みによって多くの生き物たちを育む場所でもあります。

日本人は、そんな山に神さまを見て、信仰の対象としてきました。山の雄々しさをもっとも感じられる場所に鳥居を立てて、拝んだことが神社のはじまりだともいわれます。原初の神社には建物がなく、山そのものをご神体として祀っていたのです。

国土の7割を山岳地帯が占める日本だからこそ、山を神聖視する考えが生まれてきたわけですが、最大の「聖地」は、やはり富士山です。

標高3776メートル。日本でいちばん高い山、というだけではありません。独立峰

として周囲を圧し、気高くそびえるその姿。雪を抱いたときの清浄さ。麓に広がる森林や湖などの大自然。あらゆる意味で富士山は、日本一の山なのです。

そして富士山はただ美しいだけではありませんでした。いまも噴火に対して警戒が続けられている活火山です。太古からたびたび噴火し、大きな被害をもたらしてきました。いまも噴火の姿に、日本人は畏れを抱いたことでしょう。だからこそ富士山を崇めたのです。

縄文時代からすでに、富士山は信仰の対象だったと考えられています。静岡県や山梨県には、富士山をよく望める位置から縄文遺跡が発掘されています。富士山を祀っていた跡ではないかといわれているのです。

この富士山が激しい噴火を起こしたのは８６４（貞観６）年のこと。**貞観の大噴火**です。このときに流れ出した大量の溶岩の上に、いまも広がる樹海が形成されました。溶岩は麓にあった大きな湖にも流れ込み、埋め尽くし、残った小さな湖が西湖と精進湖となりました。当時の人々の恐怖と驚きはいかばかりだったでしょうか。その後も**平安時代にはたびたび噴火があり、これを鎮めるために浅間神社が建立された**と伝えられます。

ご神体は富士山そのものでした。

11世紀に入って富士山の活動期がひと段落すると、すっかり神聖化されていた富士山

富士山に登る人々（『冨嶽三十六景』諸人登山）

に登ることが、すなわち信仰であるという考え方が現れてきます。「登拝」です。

これはやがて、山地にこもって修行をすることで悟りを得られるという修験道と結びついていきました。多くの人々が、修行の道として富士登山に挑んだのです。

江戸時代に入ると、富士山に登って巡礼し、そのご威光にあやかる「富士講」が庶民にも流行しました。人々はこぞって富士山を目指しましたが、経済的な問題もあり誰もが登れるわけではありません。とくに当時は聖地である富士山は女人禁制でした。

そこで実際に富士山に行けない人のためにつくられたものが、富士塚でした。富士山を模した小さな山を造営したので

富士山から持ち帰ってきた溶岩を飾るところもありました。いまでも東京都内だけで50ほどの富士塚が残っています。渋谷区にある鳩森八幡神社のものは1789（寛政元）年築で、現存している中では都内最古と言われています。東京都の有形民俗文化財でもあります。

いまではレジャーとしての富士登山が人気です。ユネスコの世界遺産にもなりました。しかし、自然遺産ではなく、**文化遺産として登録された**のです。なぜならば、日本人独自の信仰を育んだ聖地であり、また数多くの絵画や歌や物語に描かれた、まさに日本の文化そのものだからです。富士山は単なる山ではなく、日本人の心の根っこにそびえているものなのです。

おわりに

どうして日本人は、桜に惹かれるのでしょうか。

それはどこか、私たちの魂に刻まれたかのような感情です。世にはたくさんの草花がありますが、とりわけ桜を見ると気持ちが和み、浮き立つものです。

たぶん本当に、日本人には桜を愛でることが、本能のように備わっているのではないかと思うのです。というのも桜は遠い太古から日本人の暮らしを見守り、ともに生きてきた存在だからです。日本列島に広く分布する山桜が、原種のひとつではないかと言われています。

長い冬が終わるころ、桜は少しずつ花を開かせ、山肌を飾りました。その様子を里から見ていた人々は、ようやく暖かい季節が巡ってきたことを知るのです。そして田畑に出て、農作業をはじめました。桜は大地の恵みの象徴なのです。

それに感謝をしようと、日本人は酒肴を持ち寄って桜の木の下に集まったのです。こうして生まれた花見の風習は、1000年以上も続いています。

　いまも日本に息づくさまざまなしきたりや行事は、桜のように、日本人の生活に密接に関わってきた自然環境から生まれました。だからこそ私たちはしきたりを大切に守り、つないできました。

　伝統がどこか軽んじられ、失われていくものも多い時代です。しかし、しきたりや習慣には、日本人が自然とともに歩いてくるうちに培った文化が、たくさん詰め込まれています。しきたりひとつひとつに、日本人ならではの、日本ならではの歴史をもとにしたエピソードが隠されているのです。

　本書ではそんなお話の数々を紐解いてきました。しきたりの背景を知ることで、日本を再発見してもらえれば幸いです。

【主要参考文献・ウェブサイト】

『笑いの日本文化』樋口和憲　東海教育研究所／『イラストでよくわかる日本のしきたり』ミニマル＋ブロックバスター　彩図社／『本当は怖い日本のしきたり』火田博文　彩図社／『日本人が知らない　神社の秘密』火田博文　彩図社／『イラストで丸わかり！　神社入門』洋泉社MOOK　洋泉社／『日本人の縁起かつぎと厄払い』新谷尚紀　青春出版社／『日本人の禁忌』新谷尚紀　青春出版社／『和のふるまい　日本の作法と暮らし』監修・近藤珠實　日本文芸社／『「まつり」の食文化』神崎宣武　角川選書／『しきたりの本質　大人のふるまい』ヴィジュアルメッセージ社編集部編　ごま書房／『日本の風俗　起源がよくわかる本』樋口清之　大和書房／『正座と日本人』丁宗鐵　講談社／『図説　面白くてためになる！　日本のしきたり』永田美穂　PHP研究所／『日本の奇祭』合田一道　青弓社／『日本トンデモ祭り・珍祭・奇祭きてれつガイド』杉岡幸徳　美術出版社／『和食の常識Q＆A百科』堀知佐子・成瀬宇平　丸善出版／『日本民俗学』福田アジオ・古家信平・上野和男・倉石忠彦・高桑守史　吉川弘文館／『日本人の「しきたり」ものしり辞典』豊島建吾　監修・樋口清之　大和出版／『暮らしの伝承　迷信と科学のあいだ』蒲田春樹　朱鷺書房／『民俗学がわかる事典』新谷尚紀　自由国民社／『しつけ（双書フォークロアの視点6）』大島建彦　岩崎美術社／『お祓い日和　その作法と実践』加門七海　メディアファクトリー／『日本の行事を楽しむ12ヵ月　くらしの歳時記』監修・古川朋子　主婦の友社／『美しいNIPPONらしさの研究』黒田涼・著　亀丘桃花・絵　ビジネス社／『奇祭』杉岡幸徳　有楽出版社／『だから、うまくいく　日本人の決まりごと』広田千悦子　幻冬舎／『日本社会の決まりごと』日本雑学研究会　明治書院／『目からウロコの日本の神様』久保田裕道　PHP研究所／『東京天然温泉ガイド』メディ

アパル/『1日1杯の味噌汁が体を守る』車浮代　日本経済新聞出版社／『日本人の美しい和のふるまい』

藤野紘　河出書房新社／『食の文化史』大塚滋　中央公論新社／『食卓の日本史』橋本直樹　勉誠出版／『和

食に恋して』鳥居本幸代　春秋社

年賀状博物館（http://www.nengahaku.jp/）

全国和菓子協会（http://www.wagashi.or.jp/）

日本おにぎり協会（https://www.onigi-recom/）

一般社団法人おにぎり協会（https://www.onigiri-japan.com/）

全国すし商生活衛生同業組合連合会（http://sushi-all-japan.com/）

たばこと塩の博物館（https://www.jti.co.jp/Culture/museum/index.html）

ＪＡ紀南（http://www.ja-kinan.or.jp/）

マルコメ（https://www.marukome.co.jp/）

神社本庁（http://www.jinjahoncho.or.jp/）

コトバンク（https://kotobank.jp/）

〈著者プロフィール〉
火田博文（ひだ・ひろふみ）

元週刊誌記者。日本の風習・奇習・オカルトから、アジア諸国
の怪談・風俗・妖怪など、あやしいものにはなんでも飛びつく
ライター＆編集者。東京を歩きながら寺社を巡り酒場をハシゴ
する日々を送る。
著書に『本当は怖い日本のしきたり』『日本人が知らない　神社
の秘密』『日本人が知らない　神事と神道の秘密』『本当は怖ろ
しい漢字』（いずれも彩図社）がある。

日本のしきたりがよくわかる本

2021 年 2 月 8 日　第一刷

著者　　　火田博文

発行人　　山田有司

発行所　　株式会社彩図社

　　　　　〒 170-0005　東京都豊島区南大塚 3-24-4 ＭＴビル
　　　　　TEL:03-5985-8213
　　　　　FAX:03-5985-8224

印刷所　　新灯印刷株式会社

URL：https://www.saiz.co.jp
　　　https://twitter.com/saiz_sha

日本人が知らない
神事と神道の秘密

火田博文

本書では「神事」について、ひとつひとつ探ってみた。そこに広がっていたのは、日本人が連綿と受け継いできた「思い」だった。自然に対する、感謝や畏怖。子の成長を願う気持ち。豊作への祈り。そうして命のたすきを受け渡してきた日本人ならではの、独特な宗教観……それが「神道」にほかならない。その気持ちを、本書から読み取っていただければ幸いだ。

ISBN978-4-8013-0369-0　文庫判　本体 648 円＋税